Adolf Trientl

Meine zweite Wanderung

Adolf Trientl

Meine zweite Wanderung

ISBN/EAN: 9783743354432

Hergestellt in Europa, USA, Kanada, Australien, Japan

Cover: Foto ©ninafisch / pixelio.de

Manufactured and distributed by brebook publishing software
(www.brebook.com)

Adolf Trientl

Meine zweite Wanderung

...eine zweite Wanderung.

Von Adolf Trientl.

Im Frühling des abgelaufenen Jahres kam an mich vom Oberſthofmeiſteramte Ihrer Majeſtät der Kaiſerin Mutter Karolina Auguſta die Anfrage, ob ich nicht eine zweite Reiſe als landwirthſchaftlicher Wanderlehrer unternehmen und dies= mal jene Landestheile des deutſchen Antheiles von Tirol be= gehen möchte, welche ich das erſte Mal nicht beſucht habe. Sowie rde erſte Antrag der wohlthätigen Kaiſerin im Jahre 1866 für mich ſo viel als wie ein Befehl war, ſo war es auch der zweite im vorigen Jahre; denn ihn zurückzuweiſen erlaubte mir im Intereſſe des Vaterlandes weder die Sache, um die es ſich handelte, noch die Hoheit Ihrer Majeſtät der Kaiſerin, welche dem Unglück im Lande und den Kirchen ſchon ſo viele Gaben geſpendet hat. Auf meine Zuſage erhielt ich im Mo= nat Auguſt 200 fl. Reiſegeld zugeſtellt. Am 18. Oktober des vorigen Jahres verließ ich Gries, um erſt heuer am 28. Jänner wieder heimzukehren. Ich wählte den Winter zu meiner Reiſe, nicht weil er etwa eine zu Bereiſungen oder lonbwirthſchaftlichen Beobachtungen bequeme Zeit iſt, ſondern

1

blos deswegen, weil um diese Zeit die Landleute von der Arbeit frei sind und daher Muse finden zu einem Vortrage sich zu versammeln. Ich kann wohl sagen, daß ich allenthalben nicht blos freundlich, sondern sehr gastfreundlich empfangen worden bin. Diesem Umstande verdanke ich es, daß ich mit 200 fl. durch mehr als 3 Monate reisen konnte und deswegen sei auch allen meinen Gastfreunden hiemit öffentlich für alle Freundlichkeit und Liebe mein innigster Dank gezollt. Namentlich muß ich hier die Geistlichkeit insbesondere nennen und ausdrücklich es bemerken, daß sie mir den allergrößten Vorschub geleistet und soviel es angieng, zahlreiche Zuhörer zusammen gerufen hat.

Im Jahre 1866 besuchte ich blos wichtigere Orte und ließ dahin größere Versammlungen laden; diesmal aber schien es mir gerathener von Ort zu Ort zu wandern und ohne Zwang da einzuladen, wer eben kommen konnte und wollte. Im Oberinnthal war dies jedenfalls das Bessere und es scheint im ganzen Lande das Gescheidtere zu sein. Denn viele Leute gehen überhaupt nicht gerne weiter, andere finden die Zeit nicht an irgend einem Tage, obschon sie kommen möchten, andere endlich namentlich ärmere, scheuen jede auch noch so kleine Ausgaben auf Zehrung, obschon sie sonst der Sache selbst nicht abgeneigt wären. Und dieser letzte Umstand machte es auch gerathen, an gar vielen Orten die Versammlungen nicht etwa in einem Gasthause, sondern im Schulzimmer zu halten. Dadurch, daß ich von Ort zu Ort wanderte, erreichte ich jedenfalls einen Hauptzweck, nämlich die größte Anzahl von Zuhörern.

Ich gehe nun daran, meine Reise selbst zu beschreiben, ohne daß ich mich jedoch genau bei jeder Versammlung aufhalten oder das überall Vorgetragene hier wiederholen will.

Die Reihenfolge der Ortschaften, welche ich durchwandert habe, sollen mir nur als ein beiläufiger Leitfaden für die Aufzählung der gesammelten Beobachtungen dienen, für mich aber wird diese schriftliche Wiederholung meiner Reise eine angenehme Erinnerung an die gemachten Bekanntschaften und an die Theilnahme sein, welche im ganzen Lande für den Fortschritt sich zu regen beginnt.

Am Kirchtage Abends kam ich nach Umhausen und es versammelten sich die meisten daselbst befindlichen Mitglieder unseres landwirthschaftlichen Vereines zu einer landwirthschaftlichen Besprechung. Unter anderen Gegenständen kamen auch die Fortbildungsschulen zur Sprache, mit denen alle Anwesenden vollends einverstanden waren. Ein Mitglied der entfernten Filialgemeinde Oesten bemerkte, daß auch gerade für Mädchen solche Schulen angezeigt wären, worin Rücksicht auf den künftigen Beruf der Hausmütter genommen würde. Ich komme auf die Fortbildungsschulen anderswo zu sprechen, und will hier blos auf zwei angeregte Punkte Rücksicht nehmen, nämlich auf den Gemüsebau, weil hauptsächlich auf dem Lande der Hausgarten unter der Obsorge der Weiber steht und auf die industriellen Arbeiten der Weiber und Mädchen für den eigenen Hausgebrauch. In den Hausgärten der Bauern auf dem Lande sieht es oft sehr miserabel aus und es läßt sich das Elend hauptsächlich in zwei Punkte zusammenfassen, nämlich: Schlechte Sämereien und ungeschickte Pflege. In jedem Bauernhause ist aber ein gutes Gemüse (ohne Luxuswaare für bloße Feinschmecker) etwas Rechtes, das Kost erspart, gesund ist und wohl schmeckt. Im Oberinnthal und namentlich im Oetzthale fehlt es häufig an guten Gemüsesämereien, weil man oft vom nächsten besten Herumstreicher eine angebotene Waare kauft. Außer dem Fern

1*

macht ein Würtemberger, welcher mit Gemüsesamen hausirt, gute aber auch rechte Geschäfte, weil seine Waare wirklich eine gute ist. So muß man also froh sein, wenn uns Aus= länder etwas in's Haus bringen, was wir ganz wohl selbst erzeugen könnten. Es ist eben auch ein Mangel im Lande, daß es so mancher Gemeinde an guten Gartensämereien fehlen muß, weil sie ihn selbst vermöge des Klimas nicht er= zeugen kann, und weil er für sie im Lande, obschon er wachsen könnte, dennoch nicht wächst, weil man zu wenig baut. Eine bewährte und ausreichende Samengärtnerei ist wirklich ein Be= dürfniß für das Land. Hier aber will ich nicht unerwähnt lassen, daß Kapuziner und Franziskaner zwar eine kleine, allein in Rücksicht auf ihre beschränkten Gärten und Mittel als Bettelmönche eine wahrhaft anerkennenswerthe Aushilfe durch selbstgezogene meistens ganz brave Sämereien leisten, und damit gerade ein Beispiel geben, wie andere Leute im Lande eigentlich thun sollten.

Hinsichtlich der Pflege des Gemüsegartens könnte auf dem Lande eigentlich jeder Widumgarten den Bäurinen zum Muster dienen. Dies geschieht indessen gar wenig; denn schon in den nächsten Gärten daran sieht es traurig aus, indem alles theils zu dick gesäet ist, theils im Jät erstickt oder sonst in Folge verkehrter Behandlung verkümmert, abgesehen davon, daß alles kunterbunt durcheinander geworfen ist und nicht die mindeste Spur von einer Nettigkeit und Ordnung wahrge= nommen werden kann. Dies mag zum Beweise dienen, daß es mit den Bauerngärten so lange nicht gehen wird, bis man sich nicht entschließt, den Mädchen (z. B. Feiertagschülerinen) irgend einen praktischen Unterricht in Gemüsebau zu ertheilen, so wie er eben für jede Gegend paßt. Nichts wäre leichter, als dieses zu bewerkstelligen und in Kufstein ist bereits der glänzende Beweis durch sehr schöne Resultate geliefert worden.

In Betreff des Unterrichts in den industriellen Arbeiten der Mädchen geschieht allerdings manches im Lande und ich darf in dieser Beziehung die Nennung der barmherzigen Schwestern und so mancher Lehrerin nicht übergehen. Aber wie viele Gemeinden gibt es, wo noch gar nichts geschieht. Die Gewandtheit im Stricken, Nähen, Häckeln sowie so manche andere Kenntniß für das Hauswesen nützlicher Dinge ist für ein braves Bauernmädchen schon eine sehr gute Ausstattung, wenn sie in den Ehestand treten soll. Und gerade deßwegen haben eigene Mädchenschulen unter braven Lehrerinen einen unberechenbaren Werth nicht blos für die betreffenden Kinder, sondern für das ganze Familienleben des zukünftigen Geschlechtes.

In Sautens fand sich eine sehr große Menge von Leuten bei meinem Vortrage ein, welche mit großer Theilnahme zuhörten. Unter anderem wurde mir hier die gewiß sehr unliebsame Beobachtung mitgetheilt, daß schon seit einer Reihe von Jahren der Flachs nicht mehr so gut gedeihen wolle wie früher, wo er nichts zu wünschen übrig ließ. Ob nicht etwa der Flachsbau gar zu stark betrieben wird, so daß er auf einem und demselben Felde in zu kurzen Zwischenräumen wiederkehrt? Dies wäre zu beobachten, so wie Samen aus einer anderen Gemeinde des Oezthales, namentlich vom Neubruch=Flachs zu versuchen. Es ist dies ein Beispiel, wie nützlich es in jeder Gemeinde wäre, wenn strebsame Bauern ein oder mehrere Male im Jahre zusammen kämen, um die gemachten Erfahrungen einander mitzutheilen. Ja es wäre für die Zukunft sehr interessant, wenn man die wichtigen Mittheilungen, welche in solchen Zusammenkünften gemacht wurden, ganz kurz aufschreiben und hinterlegen würde und gewiß gar manches wäre sehr der Mühe werth durch die landwirthschaftlichen Blätter veröffentlicht zu werden. Unser Gebirgsland ist so mannigfaltig, daß nicht blos in jeder Gemeinde, sondern in jeder Gemeindeparzelle, ja fast auf jedem Felde andere Verhältnisse vorkommen und gerade diese Verhältnisse sind noch lange nicht durchstudirt. Sie sollen aber studirt werden, um die höchsten Erträge zu gewinnen, und gerade solche Zusammenkünfte würden wesentlich dazu beitragen. Man hat übrigens gut sagen, solche Zusammenkünfte seien nützlich und sie sollen regelmäßig gehalten werden. Sie werden nicht gehalten werden, so lange das Volk an eine solche Einrichtung nicht gewöhnt ist und so lange keine Anstalt getroffen wird, sie regelmäßig zusammen zu rufen; und dann erst, wenn sie beisammen sind, wird der Vollgewinn ihres möglichen Nutzens noch lange nicht herausschauen, wenn nicht ein naturkundiger Landwirth sie behorcht und leitet. Denn es sind gar zu viele Vorkommnisse in der Landwirthschaft zu deren Auffassung, Deutung und Erklärung die Kenntniß der Naturwissenschaften unbedingt nothwendig ist. Ohne Kenntniß der Naturwissenschaften werden oft gerade die interessantesten und weittragendsten Dinge entweder ganz oder theilweise übersehen oder ganz falsch aufgefaßt und gedeutet, dafür aber recht abgeschmackte Ungereimtheiten durch irgend einen vorlauten Schreihals als Lehrsätze aufgedrungen. Daher scheint es mir, daß Wanderlehrer oder landwirthschaftliche Kommissäre für viele Jahre hinaus heilsam im Lande zum Aufschwung der Landwirthschaft wirken müßten, schon deswegen, weil sie in den einzelnen Gemeinden solche Zusammenkünfte veranlassen und leiten, die Erfahrungen anderer Gemeinden und Bezirke mittheilen und durch Aufklärung von Dingen, welche dem Volke nicht bekannt sein können, Unterricht ertheilen würden. Der Wanderlehrer soll den Volksunterricht aus dem Volke selbst herausholen und entwickeln, und er kann dies thun, weil er überall bei uns schon Thatsachen vorfindet, die er nur mit voller Klarheit und Wärme darzustellen braucht, um zu erreichen was er will.

In Roppen fand sich eine kleine, aber sehr eifrige Zahl von Zuhörern im Gasthause ein. Diese Gemeinde hat durch eine glückliche Urbarmachung von wüstem Boden nicht blos ihren Wohlstand sehr gesteigert, sondern sich auch dadurch ein ehrenvolles Zeugniß von Intelligenz ausgestellt. Landwirth= schaftliche Wandervorträge in den Gasthäusern haben für sich den gewiß sehr großen Vorzug, daß sie jedesmal nach und nach in eine lebhafte landwirthschaftliche Conversation übergehen, demzufolge die verschiedensten Fragen und Interpellationen veranlassen und dadurch einen weit größeren Nutzen schaffen, als die Worte des Redners selbst es vermöchten. Indessen nicht überall und für alle Leute sind die Zusammenkünfte in Gasthäusern angezeigt, wie ich schon oben angedeutet habe; denn einige sind so arm und sparsam, daß sie sich nichts zu trinken getrauen und andere so nüchtern, daß sie nichts trinken wollen. Daher meiden sie das Gasthaus lieber ganz, weil sie es für unschicklich halten, leer dort zu sitzen. Ehre diesen Männern.

In Imst hatte sich unter zwei Malen eine ausgewählte Gesellschaft im Gasthause zur Post versammelt; leider aber war speziell der eigentliche Bauernstand darunter wenig ver= treten. Die von mir im Oberlande beobachteten sehr schlimm= men Wirthschaftsverstöße in der Privatsennerei der einzelnen Familien veranlaßten mich hier, wo das Centrum eines land= wirthschaftlichen Vereines und wohl auch gewissermaßen der Mittelpunkt eines Bezirkes ist, in welchem man sehr viel

Butter zu Grunde richtet, mit einem eigenthümlichen Vor=
schlage hervorzutreten. Bevor ich jedoch von diesem Vor=
schlage rede, erlaube ich mir die in vielen Häusern herrschende
Sauerei in der Milchwirthschaft noch einmal zu schildern, wie
im Jahre 1866.

Da steht in der Bauernstube, die statt auf 14° wohl auf
18°—20° R. angeheizt ist, oft ganz nahe am glühenden Ofen
der Milchkasten, in welchem dicht übereinander die Milchschüsseln
nicht selten mit gesprungener oder blessirter Glasur eng über=
einander aufgeschichtet sind. In der Kastenthür sind Löcher
oder ein Gitter, was gerade an und für sich sogar zu loben
wäre. Aber andere Sachen sind zu schelten. Da kehrt man,
spinnt den ganzen Tag, Kinder laufen herum und ein Theil
des unendlichen Staubes, der während des ganzen Tages um=
fliegt, legt sich auf den Rahm. Auf dem Ofen trocknet Kinder=
wäsche, und sehr polizeiwidrige Gerüche, (bisweilen vielleicht
noch die Ausdünstungen eines Blattern= oder Typhuskranken)
erfüllen die überfeuchte Stube, die dann noch überdies abends
vom Duft des edlen Laustabakes voll angequalmt wird.
Solche Dämpfe schlagen nun natürlich in die Milch ein, und
wie gut sie schmecken, das probire man durch Kosten an einem
Wasser, welches längere Zeit in einer solchen Stube gestanden
ist. Dann läßt man die Milch stocken und den Rahm darauf
stehen, bis er einen Schimmelpelz hat, wie eine alte Maus,
schüttet ihn zusammen und behält ihn auf bis man genug
zu haben glaubt, um ein= oder zweimal in der Woche oder
in vierzehn Tagen Butter zu machen, die auf diese Weise
nicht anders als ranzig aus dem Kübel kommen muß. End=
lich verwärmt man noch beim Buttertreiben bisweilen den
Rahm, wodurch man noch 10—20% an Butter einbüßt.
Ich sah Butter, die unappetitlich war anzuschauen; und dies

ist nicht zu verwundern, weil der Staub der Stube, der sich auf den Rahm gelegt, auch unter die Butter kommt. Ich kostete frische Butter, die mir durchaus nicht schmeckte, weil sie ranzig war und an andere Gerüche erinnerte, die sonst der Butter durchaus nicht eigen sein sollten. Es ist ein Glück, daß beim Aussieden von Schmalz die Unreinigkeiten im Schaume wegkommen, sonst müßte man wirklich Anstand nehmen aus mancher Haushaltung Schmalz oder Butter zu kaufen. Es ist wahr, daß nicht in allen Haushaltungen des Oberlandes die Sennerei auf einer so niedrigen Stufe steht, wie ich sie eben beschrieben habe; aber in manchen Häusern ist es buchstäblich so. Es hilft nichts, dies zu verheimlichen, da es doch ein Uebelstand ist, der verbessert werden soll, sondern weil der erste Schritt zur Besserung die Erkenntniß des Fehlers ist, muß man ihn schildern, wie er ist und das Kind bei seinem vollen Namen nennen, sollte dieser Name auch „Sauerei" heißen. Im Allgemeinen aber wird man vom Oberlande überhaupt sagen müssen, daß es in der Haussennerei weit hinter einem rationellen Gebahren zurück ist, und daher kommt es, daß gar viele Familien, nachdem sie mit Heuen und Füttern sauer gearbeitet haben, in der Milchwirthschaft zuletzt noch Schaden leiden und trotz ihrer Armuth aus purem Unverstand Verschwendung treiben. Wahrlich da thut Auf= klärung noth. Namentlich ist die Hauskäserei oft sehr weit zurück, indem man durch Uebersäuern und Ueberhitzen der Milch oft nichts anderes erhält, als einen leichten und dürren Schotten, welcher kaum gesalzen ist und langewig nicht zu einem genießbaren Käse reifen will. Rechnet man noch etwas Schmutz dazu in den Bauernstuben, den Gewichtsverlust in Folge von Ueberhitzung und eine recht dicke und ungenießbare Rinde, dann wird man das Fehlerhafte noch besser einsehen.

Ich komme nun zu dem Vorschlage, welchen ich dem landwirthschaftlichen Bezirksvereine in Betreff der Milchwirthschaft bringend zu empfehlen für gut fand. Man mache mit der Milch von 10 vollmelkenden Kühen durch 3 Wochen den folgenden Versuch. Täglich nach dem Melken menge man die gesammte Milch zusammen, und theile sie dann in zwei gleiche Hälften. Mit der einen Hälfte senne man gewissenhaft rationell, wie es in den bewährtesten Sennereien der Fall ist, und mit der anderen Hälfte senne man eben so gewissenhaft in der Art, wie es im Oberlande gemeinhin Brauch, oder lieber gesagt Unfug ist. Diese Versuche sollen möglichst öffentlich unter lauten Einladungen und Ankündigungen angestellt werden, so daß recht viele Leute, namentlich Weiber, denen meistens das Milchgeschäft obliegt, kommen und schauen können. Ueber die Erfolge bei dem Versuche führe man eine sehr genaue Rechnung, die am Ende derselben nicht blos im Bezirke des eigenen Vereines, sondern im ganzen Lande so laut und weit es nur immer möglich ist, veröffentlicht werden soll. Auf diese Weise meine ich, könnte am leichtesten und sichersten eine landwirthschaftliche Aufklärung unter das arme Volk, das ihrer so sehr bedürfte, gebracht werden können.

Bei dieser Gelegenheit erlaube ich mir auch einen Vorschlag, welchen ich schon öfter in Anregung gebracht habe, hier zu veröffentlichen. Ich meine es soll ein mobiles Versuchinstitut für die Landwirthschaft in Tirol geschaffen werden, welches am zweckmäßigsten mit dem Institute der Wanderlehrer — das Land bedürfte deren mehrere — zu vereinigen wäre. Wie hätten wir uns nun dieses Institut zu denken? Etwa in folgender Weise. Es sollen durch den Wanderlehrer in Gegenden, wo einem Gebrechen abgeholfen werden soll, wie z. B. der fehlerhaften Milchwirthschaft im Oberinnthal, ober wo ein Mißbrauch abgestellt werben soll, wie z. B. das Schneiteln der Walbbäume oder das ungebührliche Streurechen, oder wo enblich etwas neues burchgeführt werden soll, wie z. B. eine Verbesserung der Alpenwirthschaft, bie Benützung irgenb eines Sanbes zum Zwecke der Düngung, das Gipsen u. s. w., Versuche eingeleitet, überwacht, mit aller Genauigkeit burch= geführt, unb enblich veröffentlicht werden, welche sicher zum angestrebten Ziele zu führen geeignet sinb. Die Anstellung solcher Versuche kann bei uns schwerlich ben landwirthschaft= lichen Vereinen zugemuthet oder anvertraut werden, weil es ihnen häufig an solchen Versuchsleitern fehlen bürste, bie ent= weber die nöthige fachmännische Vorbildung oder bie zu ben Versuchen nöthige Zeit haben. Solche Versuche können nur bann einen Werth haben unb auf praktische Erfolge rechnen, wenn sie mit wissenschaftlicher Genauigkeit angestellt werden. Aber gerade die wissenschaftliche Genauigkeit ist nicht Jeber= manns Sache, sonbern meistens nur eine persönliche Errungen= schaft eines gebilbeten Naturforschers unb Fachmannes, der sich bieselbe burch Fleiß unb Uebung erst eigen machen mußte. Sollen bie Wanberlehrer einen burchgreifenben Nutzen schaffen, so müssen sie jene Autorisirung unb Gelbunterstützung erhalten, welche zur vollständigen Durchführung solcher Versuche nöthig ist. So nothwendig beim Unterrichte in der Natur= lehre bie Experimente sinb, gerade ebenso nothwendig sinb solche Versuche für den landwirthschaftlichen Unterricht des Volkes. Durch eine solche Einrichtung steigen auch bie Wanberlehrer um eine Stufe höher, sie werden landwirth= schaftliche Kommissäre.

Von Imst begab ich mich nach Arzl, wo zahlreiche Zu= hörer mit großer Theilnahme sich einfanden. Hier hat vor einigen Jahren Herr Lehrer Kugler guten Düngermergel auf=

gefunden und durch das Beispiel seiner Anwendung bei den Leuten in Gebrauch gebracht — ein lehrreiches und nachahmungswerthes Beispiel für ähnliche Fälle. Ich erzählte hier, wie ich mit Befremden auf den Wegen in Imst und der Umgegend bemerkt hätte, daß in den auf die Wege gefallenen Exkrementen von Rindern ganzes Korn namentlich Türken in gar nicht geringer Menge gefunden werde, und man sagte mir, dasselbe sei so wenig verändert oder verletzt, daß es noch aufgehe. Es wird wohl schwerlich in der Welt Jemand begreifen, was dies Korn für einen Nutzen oder Kraftzuwachs bringen könne, das von den Thieren gerade so wieder abgeht, wie sie es eingenommen haben. Dieses Korn ist jedenfalls rein verloren. Man erzählte mir zwar, das ganze Korn verfüttere man an Ochsen, wenn sie schwer arbeiten müssen, und spüre davon den Vortheil, daß sie feuriger und kräftiger werden, als wenn man sie mit Mehl oder Schrott füttern würde, und ganze Körner gehen nur ab, wenn die Thiere in Folge der angestrengten Arbeit nicht wiederkauen können. Diese Ausrede hebt aber die Thatsache nicht auf, daß jenes Korn, welches ganz von den Thieren geht, ein für alle Male verloren ist. Auch sagte mir ein Mann in Zaunhof, wo ich dieselbe Sache vorbrachte, daß er versucht habe, ganzes Korn und Brod an die Ochsen zu verfüttern und gefunden habe, daß dieselben weit arbeitstüchtiger geworden seien, wenn er ihnen dieselbe Kornmenge in Form von Brod gegeben, als wenn er ganzes Korn gefüttert habe. Es wäre dies wieder ein Gegenstand des Versuches für den Wanderlehrer, so wie es auch in seinen Beruf gehört, Erfahrungen, wie die erwähnte des Zaunhofer Bauern, der Verborgenheit und Vergessenheit durch öffentliche Bekanntmachung zu entreißen. Da die Sitte ganzes Korn zu verfüttern im Oberinnthale eine weit verbreitete ist, wie ich an den Exkrementen auf der Straße gesehen habe, so geht jedenfalls eine sehr beträchtliche Menge Korn unnütz zu Grunde, was wirklich in einem Bezirke ganz unverant= wortlich ist. Ich setze hieher, was G. Kühn über das Zer= kleinern des Körnerfutters sagt:

„Das Zerkleinern des Körnerfutters ist bei nasser Fütterung vortheilhaft, weil die Thiere die Körner leicht unzerkleinert ver= schlingen. Andererseits verlernen aber die Thiere bei der Fütterung mit zerkleinertem Material das Kauen, welches wegen der gleichzeitigen Speichelabsonderung nöthig ist. Durch Beimischung von Häcksel steigert man die Verdauung von Körnern, weil man dadurch die Thiere zum Kauen zwingt. Haubner fand, daß bei Kälbern die Ausnutzung der Körner durch Häckselzusatz bedeutend erhöht wurde. Das Quetschen der Körner scheint sich für die Wiederkäuer zu empfehlen; Pferde halten sich zwar scheinbar bei gequetschtem Hafer besser, zeigen sich aber bei der Arbeit weniger ausdauernd, als die mit ganzen Körnern gefütterten."

Von Arzl begab ich mich in's Pitzthal bis nach Zaunhof, wo eine kleine aber lebhafte Zusammenkunft stattfand. Ich erkundigte mich da unter anderem um das Verhältniß der Aussaat zur Ernte insbesondere bei der Gerste und hörte sehr hohe Ziffern nennen. Zu Sölden im Oetzthale beträgt die Ernte der Gerste meistens mehr als das zwanzigfache der Aussaat, und noch höhere Ziffern hörte ich im Pitzthale nennen. In Lermoos wurde mir gesagt, daß der Weizen bis zum Acht= zehnfachen trage. Dies sind in der That Ziffern, die einen hohen Respekt fordern; denn sie werden kaum anderswo im Lande erreicht werden. Sie zeigen aber auch ganz klar, wie viel ein Feld zu tragen vermöge, und wohin man zu streben habe. Wenn der Getreidebau blos das fünf= und sechsfache

der Ausfaat einbringt, dann lohnt ſich wirklich bei den gegen=
wärtigen Körnerpreiſen der Anbau nicht mehr, weil uns die
Eiſenbahn die Früchte billiger an die Hand ſtellt, als wir ſie
ſelbſt zu erzeugen vermögen. Damit will ich jedoch keineswegs
ſagen, man ſoll den Getreidebau an manchem Orte ganz ein=
ſtellen, ſondern man ſoll ihn zwar der Ausdehnung nach be=
ſchränken, dagegen aber durch beſſere Düngung und Bearbeitung
die Ertragsfähigkeit der betreffenden Felder zu erhöhen bemüht
ſein. Auf dieſe Weiſe erzeugt man dann dennoch dieſelbe
Getreidemenge und erübriget beträchtliche Arbeitskräfte und
Felderflächen zum Futterbau. Schließlich aber muß ich noch
bemerken, daß es nicht genug iſt, um ſich einen beſtimmten
Begriff von der Fruchtbarkeit eines Feldes zu machen, das
Verhältniß der Ernte zur Ausſaat zu wiſſen, ſondern man
ſollte nothwendig auch noch das Flächenmaß kennen, auf welchem
eine beſtimmte Ernte wächst.

In Jerzens ließ ſich weder Mann noch Maus blicken;
vielleicht wurde nichts angeſagt, obſchon ich darum perſönlich
erſucht hatte. In dem ſtattlichen Dorfe Wenns, wo der
Pfarrer, welcher meine Ankunft ſchon lange hart erwartet
hatte, eben im Sterben lag, hatte ich die Ehre vor dem ver=
ſammelten Ausſchuß zu ſprechen. Wir hatten einen recht ver=
gnügten Abend. Als ich von der Verbeſſerung der Alpen=
wirthſchaft ſprach, wurde mir die Klage vorgebracht, daß die=
ſelbe allerdings ſchlecht ſtehe, namentlich fehle es an Ställen
und dieſe vermöge man nicht zu bauen, weil eben die Alpe
kein Holz habe und aus einem benachbarten Reichsforſte kein
Holz abgelaſſen werde. Ich konnte und kann über dieſe
Klagen nicht reden, weil ich die Verhältniſſe nicht kenne; ich
bin jedoch feſt überzeugt, daß die hohe Regierung der Gemeinde
willfährig entgegenkommen werde, wenn dieſelbe ernſtlich die

Alpenwirthschaft verbessern will und dazu auf das Holz aus den ärarischen Waldungen angewiesen ist. Denn gegenwärtig, wo wir ein wahrhaft eifriges Ackerbauministerium haben, stehen die Sachen nicht mehr so wie früher. Darum nur vorwärts!

Auch die Dörfer Karres und Tarrenz besuchte ich und fand große Theilnahme. Tarrenz ist wirklich ein armes Dorf; denn seine Felder sind zum Theil zu trocken und zum Theil zu naß, ja lieber gesagt versumpft. Aber leider verschuldet die Bevölkerung einen guten Theil ihrer Armuth selbst. Denn ich glaube wirklich zu dem Ausspruche berechtiget zu sein, daß die Düngerwirthschaft, vielleicht im ganzen Lande nirgends so schlecht steht, als gerade in Tarrenz. Wie es scheint, verrinnt die gesammte Jauche des Dorfes bis auf den letzten Tropfen, dafür aber ist man beflissen, wahrhaft unermeßliche Haufen schlechter Waldstreu herbei zu schleppen. Diese Wirthschaft ist wirklich sehr traurig anzusehen. Soll diese Gemeinde emporkommen, so muß sie sogleich mit allem Ernste anfangen, die Düngerwirthschaft gründlich zu verbessern und zwei Drittheilen der Waldstreu zu entsagen. Dann aber muß noch ein zweites geschehen, nämlich die versumpften Felder müssen entwässert werden. Diesem Unternehmen dürfte vor der Hand die Gemeinde nicht gewachsen sein, sondern sie bedarf dazu sowohl einer intellektuellen als materiellen Unterstützung. Die intellektuelle Unterstützung müßte ihr gewährt werden durch einen kundigen Drainir= und Wiesenbau-Ingenieur, der freilich auch noch an mehreren Orten des Landes nothwendig wäre, dermalen aber gar nicht zu erfragen ist. Für unser Landvolk sind Drainage, Wiesenbau-Ingenieur, Guano, Kunstdünger, Schraubenpflug u. s. w. eigentlich noch spanische Worte, welche zu erklären in manchem Dorfe ein Wanderlehrer noch nur mit großer Vorsicht wagen darf, will er nicht sehr mißliebig mißverstanden werden. Auch dieses sind Gegenstände, welche dem mobilen Versuchsinstitut als Aufgabe vorgezeichnet sind.

Die materielle Unterstützung, die ich meine, bestände in einem Geldbetrage, den der Landtag oder der Ackerbauminister aus dem Reichsbudget beizutragen gebeten werden müßte. Dieser Beitrag wäre um so mehr angezeigt, da er dem ersten aufzustellenden Beispiele einer Drainage in dem Bereiche des Oberinnthales gelten würde. Ich bin jedoch der Ansicht, daß man diesen Beitrag in keinem Falle früher leisten soll, als bis die Gemeinde mit der Verbesserung ihrer Düngerwirthschaft vollen Ernst zu machen wirklich angefangen hat. Bleiben sumpfige Wiesenreste übrig, welche sich wirklich nicht mehr verbessern lassen, so mögen sie als Streumäder beibehalten werden. Die Verbesserung der übrigen Felder wird jedenfalls solche Fortschritte machen, daß es sich ganz wohl rentirt, einige verdorbene Felder der Streugewinnung zu opfern, und zwar um so mehr, weil dadurch noch der Wald geschont wird.

Ich besuchte sofort die Dörfer Nassereit, Obsteig und Mieming und kann sagen, daß die Betheiligung überall eine lebhafte gewesen ist. Ich fand hier so wie schon in den mehreren Gemeinden des Oberlandes einen Anfang zur Verbesserung des Düngerwesens und hatte die Genugthuung zu sehen, daß meine bisherigen Aufsätze über diesen Gegenstand denn doch irgend etwas zu nützen angefangen haben. Denn man findet schon einzelne Jauchengruben und regelmäßig angelegte Düngerstätten in dem einen Dorfe mehr in dem anderen weniger. Aber sie sind noch so selten, daß sie wirklich nur als ganz besondere Ausnahme gelten können. Weil jedoch einzelne Landwirthe, wenn gleich noch äußerst wenige angefangen haben, ihre Düngerwirthschaft nach rationellen Grundsätzen einzurichten, so dürfen wir mit Grund erwarten, daß im Laufe von Jahren diese Verbesserung allgemein durchgreifen werde. Denn die bedeutende Erhöhung der Felderträge, welche nothwendig im Gefolge der verbesserten Düngerwirthschaft steht, wird schließlich auch den zähesten Bauer noch belehren. Diese Belehrung sollte jedoch bedeutend beschleuniget werden, weil mittler Weile noch ungeheure Mengen von Pflanzennahrungsstoffen zu Grunde gehen, fast das gesammte Feld noch durch viele Jahre um seinen Dünger betrogen und ausgeraubt wird, und daher im Vergleich zu dem, was es wirklich tragen könnte und würde, durch die bloße Schuld des Bauernzopfes, wahre Mißernten tragen müssen. In Betreff dieser Beschleunigung erlaube ich mir einen Vorschlag zu machen, von dem ich ganz gut weiß, daß er von vielen mit Befremden, von manchem aber geradezu mit Unwillen und Entrüstung wird aufgenommen werden. Ich schlage nämlich vor, daß nach einem Ablaufe von fünf bis höchstens sechs Jahren alle jene Landwirthe, welche dann noch ihre Misthaufen abstinken und mit dem Goldwasser der Jauche die Wege des Dorfes versauen lassen, wie es bisher der allgemeine Brauch eines ganz nichtswürdigen Schlendrians ist, mit einer Steuer belegt werden sollen. Diese neue Steuerauflage würde ich damit rechtfertigen, daß es eine Auflage auf einen blödsinnigen Luxus ist, der beseitigt werden soll. Und eben deswegen, weil diese Auflage eine Luxussteuer ist, soll sie auch die Eigenschaft einer Luxussteuer haben, nämlich sie soll hoch sein. Nach Romers (landwirthschaftlicher Geschäftskalender für 1868) kann ein schlecht behandelter Mist von 100 Zentnern blos durch das Verdampfen von Stickstoff bis zu 6 fl. an Werth verlieren.

Nun schiene es mir eben ganz billig, die Steuer nach der Höhe des Luxus, ich will sagen, der Düngervergeudung.

einzurichten, die beim größeren Bauer natürlich größer ist, als beim kleinen, sobald er einmal schlecht wirthschaftet, weil er mehr Vieh hat. Und darum schlage ich vor, es soll nach fünf Jahren angefangen jeder Inhaber eines so abscheulichen Misthaufens, wie sie jetzt zum Schaden der Gesundheit wie die Aerzte sagen, zur Schändung der Dörfer und zum übergroßen Nachtheil der Felder allgemeiner Brauch sind, mit mindestens 5 fl. für jedes Stück Großvieh und mit 1 fl. für jedes Stück Kleinvieh besteuert werden. Mit den Erträgnissen dieser Steuer, würde ich einen Fond anlegen, wie ungefähr der Landeskulturfond, und dieser Fond soll, wie der Approvisionirungsfond bei Unglücksfällen, bedürftigen Gemeinden bei großen Meliorationen im Gebiete der Landwirthschaft Aushilfe leisten.

Damit aber Niemand unvermuthet und unverschuldet von dieser Steuer betroffen werden könne, sollte nicht blos eine jährlich zweimal zu wiederholende Bekanntmachung, sondern ein spezieller Unterricht eines jeden selbstständigen Bauern vorausgehen. Dieser Unterricht und diese Bekanntmachung könnte etwa in folgender Weise stattfinden. In jeder Feiertagschule soll die Hartinger'sche Wandtafel über die Düngerlehre nicht blos angeheftet, sondern auch jährlich einmal erklärt werden. Dann hätte der Steuertreiber jeder Haushaltung nöthigenfalls sogar öfter als einmal einen Zettel von höchstens vier Oktavseiten zuzustellen, worauf eine populäre Düngerlehre gedruckt ist. So lautet mein Vorschlag, der im Verlaufe dieser Reisebeschreibung noch manche Zugabe erhalten wird. Er kann freilich nur realisirt werden durch ein von der Volksvertretung erlassenes Gesetz; ich aber unterstehe mich ihr die Erlassung eines solchen oder ähnlichen Gesetzes in allem Ernste vorzuschlagen, obschon ich ganz bestimmt weiß, damit vielen Leuten im Lande nicht den mindesten Gefallen zu erweisen. Aber ich glaube mich wirklich aus dem folgenden Grunde dazu berechtiget. Ich habe im Jahre 1866 (Tir.-Bote) nachgewiesen, daß der Stoffverlust jährlich in Tirol gegen eine Million Gulden hinaufwachse, wenn nur der zehnte Theil der Jauche und des Stickstoffes zu Grunde gehen. Vielfältig aber geht viel mehr zu Grunde als blos der zehnte Theil, namentlich in armen Distrikten, wie im Ober- innthal, und man kann mit ganzer Gewißheit sagen, daß ein guter Theil der Armuth von daher rühre. So gewiß zweimal zwei vier sind, eben so gewiß ist es, daß ein namhafter Theil der Armuth im Oberlande vom Mangel an Intelligenz in der Landwirthschaft überhaupt und insbesondere von einer sehr schlechten Düngerwirthschaft herkomme. Es ist wirklich noth- wendig, die Leute zu besteuern, damit sie reicher werden.

Würde Jemand von nun an nichts mehr verloren gehen lassen, so wird er alsogleich für's nächste Jahr mehr Dünger, und in Folge dessen mehr Frucht und sofort für das folgende Jahr noch mehr Dünger haben und der Ertrag seiner Felder wird sich allmählig bis zu einer gewissen Höhegränze bessern, die freilich nicht mehr überschritten werden kann. Um nun so ungeheure jährliche Verluste in Zukunft zu vermeiden, die arme Ortschaften am empfindlichsten treffen und geradezu eine Hauptursache ihrer Armuth ausmachen, wird es doch wohl erlaubt sein an kräftigere Mittel zu denken, als man bisher in Anwendung gebracht hat. Denn im Grunde ist eigentlich gar nichts geschehen. Die Verbesserung der Düngerwirthschaft kann übrigens nicht, wie durch ein Wunder plötzlich durchgeführt werden, denn sie fordert Auslagen zur Errichtung von Jauchen- gruben, und nicht selten wären sogar Aenderungen in den Ställen vonnöthen. Damit aber kann nicht gesagt sein, daß man mit dieser Verbesserung ewig warten dürfe, sondern daß sie vielmehr möglichst zu beschleunigen ist.

Ich überstieg den Marienberg und gelangte ans Moos bei Lermoos. Die ganze Gegend ist kalt und kann wohl zu den ärmeren gezählt werden, namentlich seit dem ein großer Nebenverdienst durch die Fuhrwerke aufgehört hat. Wird aber einmal das große Moos völlig entwässert und kultivirt sein, so erlangen die drei anliegenden Gemeinden einen solchen Zuwachs an einem ganz vortrefflichen Getreideboden, daß sie wahrlich nicht mehr zu erbarmen sein werden. Man erzählte mir in Lermoos, daß der Weizen das 18—20fache der Aussaat einbringe — in der That eine ganz außerordentliche Ernte. Man hat zwar einen kräftigen Anlauf zur Kultur dieses ungeheuren Bodens genommen und schon manches mit Erfolg durchgeführt. Indessen scheint es an Geldkräften, noch mehr aber an Einigkeit zu fehlen. Es dürfte wohl auch mancher gute Rath eines erfahrenen Drainir=Ingenieurs nicht zu verachten sein. Eine fernere Geldunterstützung von Seite des Landes= oder Reichs=Budget schiene mir hier wohl angewendet, sei es auch nur in Form eines Anlehens, und ich glaube dies wirklich empfehlen zu sollen. Aber ich habe zugleich die Ansicht, daß man auch nicht einen Kreuzer bewilligen soll, bis nicht eine Einigung erzielt ist, welche die volle Durchführung eines vernünftigen Planes außer Zweifel sicher stellt, und daß im Falle eines während der Ausführung ausgebrochenen Habers, welcher das Unternehmen entweder alteriren oder gar in Frage stellen könnte, auch die bereits bewilligten Gelder wieder zurückgezogen werden sollten. Nach einem bekannten Schicksale alter Fuhrleute, die ihr Gewerbe nicht mehr betreiben können, scheint manchem auch die Lust zu fehlen auf dem Felde zu graben und zu arbeiten. In Lermoos erschien gar Niemand zu der durch den Gemeindediener angesagten landwirthschaftlichen Besprechung. Daselbst existirt auch ein landwirthschaftlicher Verein, aber blos dem Namen nach; denn bisher hat er so nichtswürdig wenig geleistet, daß der Central=Ausschuß ihn billig aus der Reihe der Vereine streichen kann.

In Biechelbach versammelte sich eine große Menge von Zuhörern und ich konnte beobachten, daß man dort in der Landwirthschaft seit einer Reihe von Jahren gute Fortschritte macht. In Berwang hätte ich nicht gesucht, was ich fand. Es ist die Düngerwirthschaft auf recht guten Wegen in Ordnung zu kommen, besonders durch Benützung der Jauche, und man sieht einen Viehschlag, von welchem man schon in weiter Umgebung mit Lob spricht. Diesen Viehschlag verdankt die Gemeinde der Einführung und Haltung tüchtiger Zuchtstiere, welche durch eine Reihe von Jahren regelmäßig stattfand.

Als ich vor 21 Jahren Kooperator in Heiterwang war, hörte ich von Berwang gewöhnlich reden, als wie von einem Quartiere ärmlicher Leute. Jetzt sieht es in dem abgelegenen Bergdorfe schon etwas behäbiger aus, seit dem man vermittelst Jauche und Zuchtstieren Geld zu schlagen weiß. Zu diesem erfreulichen Umschwunge scheint auch der wohlthätige Einfluß des Herrn Kuraten Josef Haas wesentlich beigetragen zu haben. Indessen gibt es auch in dieser Gemeinde ganz ordentliche Reaktionäre. Während der Herr Vorsteher Wolf im letzten Jahre bei dem Landtage in Innsbruck saß, gelang es diesen für das laufende Jahr die Anstellung schlechterer Zuchtstiere durchzusetzen. Schade, daß ich vergaß, mir die Namen dieser Dunkel= männer aufzuschreiben; es wäre mir jetzt wahrhaft ein großes Vergnügen, dieselben durch diese Blätter dem ganzen Lande bekannt zu geben, damit man nicht mehr lange anfragen dürfte, wo die gescheidtesten Viehzüchter zu finden wären. Berwang liefert ein praktisches Beispiel zu dem theoretisch ohnehin voll= kommen klaren Satze: daß eine arme Gemeinde sich wesentlich erschwingt, wenn sie ihre bisher mangelhafte Düngerwirthschaft und Viehzucht verbessert. Auch dies muß ich noch von Per=wang erwähnen, daß man dort das Holz im Dezember fällt. Das Holz ist immer am besten, wenn es nach dem Zurück=treten des Saftes, also ungefähr im Dezember, gefällt wird; namentlich das Bauholz und das Holz zu Geschirren, weil es dort am dichtesten und dauerhaftesten ist, wie die Beobach=tungen und Versuche des baierischen Forstbureaus ausdrücklich nachweisen. Die örtlichen Umstände erschweren zwar oft gar sehr das Füllen und Ausbringen des grünen Holzes in der Winterszeit so daß an manchen Orten die bisherige Fällzeit nicht sobald wird abgeändert werden können. Aber sagen muß man den Leuten doch, daß es am allerschlechtesten ist, das Holz im vollen Safttrieb zu fällen. An sehr vielen Orten könnte allerdings das Holz zur rechten Zeit gefällt werden, allein man thut es einmal nicht, eben gerade auch darum, weil es ein alter Brauch ist, das Holz um die aller=schlechteste Zeit zu schlagen, die es im Jahre gibt.

In Heiterwang fand ich eine mäßig besuchte Versamm=lung, die nicht ohne Interesse war. Ich bin fest überzeugt, daß diese Gemeinde die Erträgnisse ihres Bodens im Laufe von 10—20 Jahren mehr als verdoppeln könnte, wollte sie ihre Ache reguliren, manche Felder brainiren, und weite Strecken von Galtwiesen kultiviren. Die Verbesserung der Viehzucht und Milchwirthschaft, auf welche diese kalte Gegend zunächst und sozusagen angewiesen ist, würde dem angefang'nen Werke erst die Krone aufsetzen. Eine materielle sowie intellek=tuelle Unterstützung dieser Gemeinde für ihre vielversprechenden Bodenmeliorationen wäre sehr zu befürworten, weil sie sonst aus Mangel an Kräften noch lange nicht dazu kommen dürfte.

Je schneller da geholfen wird, um desto früher wird das Land um eine wohlstehende Gemeinde mehr haben.

In Reutte fand ich eine sehr zahlreiche Versammlung in dem Gasthause zur Post, und ein sehr lebhaftes Interesse. Die Düngerwirthschaft hat hier schon bedeutende Fortschritte gemacht, auch sah ich sehr sschöne Zuchtstiere im Stalle des Herrn Bürgermeisters. Der nahe Gypsbruch wird stark aus= gebeutet und zwar sowohl für die Gegend als auch für die benachbarten Distrikte in Baiern. Die kleine Wegmauth für die Gypsfuhren soll dem Markte jährlich über 100 fl. ein= tragen. Hier fand ich auch die gewiß höchst lobenswerthe Sitte, Nistkästen für die Stare aufzustellen, die auch in der That sich recht häufig einfinden und mit dem Ungeziefer auf= räumen. Auch in Imst soll man, wie mir erzählt wurde, dieses mit Erfolg versucht haben, bis irgend ein unbesonnener Junge zum Zeitvertreib seines Müßigganges für gut fand, unter die Stare zu schießen und sie somit zu vertreiben.

Hier muß ich eine sehr traurige Thatsache registriren, und mich länger dabei aufhalten. So weit ich im Lande herumgekommen bin, erschallt überall die laute Klage, daß die kleinen Vögel allenthalen nicht blos sich vermindern, sondern nahezu verschwinden und auch unter den Schwalben gewahrt man eine sehr auffallende Verminderung. Nun die Ursache dieser Thatsache ist allgemein bekannt, sie werden von den Italienern in und außer Tirol millionenweise weggefangen, so zwar, daß man sagen kann, es könne kein Vögelein auf seiner jährlichen Wanderung über Italien ohne Lebensgefahr hinabziehen. In dieses Handwerk, scheint es, theilt sich die ganze Nation, Vornehme wie Gemeine. Die Vornehmen gehen natürlich voran mit ihren Vogeltennen und einer höchst raffinirten Lock= und Fangmethode. So groß ist bei Manchen die Leidenschaft, daß sie ganz unverhältnißmäßige Auslagen nicht scheuen, um, wie Dr. Gloger mit Recht sagt, „das gemeinschädlichste aller Mittelbinge zwischen Arbeit und Müßiggang zu treiben." Ja so groß ist diese Leidenschaft, daß, wie mir erzählt wurde, sogar der selige Vicekönig Erzherzog Rainer seiner Zeit im lombardisch-venetianischen Königreiche es ablehnen zu müssen glaubte, nach einer Weisung von Wien gegen den Vogelfang einzuschreiten, um nicht politische Unruhen herauf zu beschwören. Die Gebildeten und Wohlhabenden gehen auch dadurch im Fang der Vögel voran, daß sie deren kaufen, soviel sie nur bekommen. Gerade dadurch wird auch das gemeine Volk und zumeist die Müßiggänger darunter systematisch dressirt, den Vogelfang in der größtmöglichen Ausdehnung zu betreiben, weil er zu einer leichten Erwerbsquelle wird. Man sollte doch meinen, daß gebildete Leute so viel Verstand haben könnten, um das Schädliche eines solchen Treibens einzusehen, und soviel Selbstüberwindung um einem Genusse zu entsagen, den sie nur durch einen abscheulichen Eingriff in die Naturordnung Gottes und zum Schaden ihres eigenen Vaterlandes, sowie der Nachbarländer sich verschaffen können. Nein dies sind nicht gebildete Leute, sondern einfach Barbaren.

Jedoch nicht blos von den höheren Ständen, sondern auch von dem gemeinen Volke wird der Vogelfraß betrieben. Man sah seiner Zeit bei dem Baue der Straße in der Finstermünz und der Brenner-Bahn italienische Arbeiter auf Brutvögel im Frühjahre fahnden und die Jungen aus den Nestern nehmen, um sie zur Polenta zu verspeisen. Doch seien wir gerecht. Die Welschen sind zwar ohne allen Zweifel die größten Schuldigen in dieser nichtsnutzigen Barbarei, aber auch unter uns Deutschen und zwar gerade in den Städten, vorab in der

Landeshauptstadt, gibt es ein eben so barbarisches Gelichter
von Gebildeten. Es sind Wirthe, die solche Vögel nach Hun=
derten kaufen und den Gästen feilbieten, und es sind Gäste,
welche eine solche verbotene Speise suchen, und wohlgemerkt,
alle ohne Ausnahme wissen, daß dieser Vogelfang eigentlich
nicht recht sei, und was man darüber auf dem Landtage ver=
handelt habe. Soll man einem Kothlackler es übel nehmen,
daß er Vögel fangt, wenn die Herren der Stadt ihn dafür
zahlen! Ei, wenn diese Herren doch einmal probiren möchten,
das Ungeziefer zu sammeln, das des Bauern Felder und
Wälder verheert; sie sollen einmal kosten wie dasselbige
schmeckt! Wenn es einmal einigen Feinschmeckern einfallen
würde, in irgend einer Stadt oder Ortschaft alle Katzen weg
zu fangen, deren Fleisch auch ganz besonders fein schmecken
soll, was würden die Leute etwa dazu sagen? Und die Leute
sollten nichts sagen dürfen, wenn zahlloses Ungeziefer in nie
gekannter Weise ihre Wälder decimirt, den Obstbau ruinirt
und den Schweiß des Angesichtes auf den Feldern verzehrt,
und zwar in Folge der Vögelvertilgung? Wenn dieser Vogel=
fang nicht aufhört, dann wird das Verschwinden der Vögel
noch viel rascher vorwärts gehen. Denn Gottes Vorsicht hat
in die Oekonomie der Natur die Raubvögel eingesetzt, welche
einer zu großen Vermehrung der übrigen Vögel Schranken
setzen sollten. Nun fängt man aber diese Vögel größten=
theils alle weg, nämlich alle, so vieler man nur habhaft
werden kann, und den Rest werden die Raubthiere noch auf=
zehren. Dr. Eduard Baldanus sagt in einer sehr beachtens=
werthen Broschüre (Schützet die Vögel. Bielefeld und Leipzig
Verlag von Velsagen und Klasing 1868). „Eine trostlose Per=
spektive in die Zukunft eröffnet eine auf zuverlässige Grund=
lagen in einer von Sachverständigen aus allen Kreisen des

landwirthschaftlichen Vereines für das Herzogthum Halberstadt und die Grafschaft Wernigerode assistirten Vorstandssitzung aufgestellte Abschätzung des im Jahre 1866 durch Insektenfraß verursachten Schadens. Dieser beläuft sich in den vier Kreisen Halberstadt, Aschersleben, Oschersleben und Wernigerode in Summa auf 1,433.524 Thaler und zwar für das Ackerfeld auf 1,375.165, für Gärten und Obstbäume auf 31,150, für Wiesen auf 22,222 und für Weiden auf 4,997 Thaler. Welche enorme Massen von Insekten müssen dabei in unheilvoller Thätigkeit gewesen sein!" Uebrigens ist die Klage über das Verschwinden der Vögel keine vereinsammte tirolische mehr, sondern geradezu eine europäische, also auch eine italienische und dies eben war für das italienische Parlament die Veranlassung, ein Gesetz zum Schutze kleiner Vögel in Berathung zu nehmen. Auch kann nicht verhehlt werden, daß ebenfalls in einigen Gegenden Deutschlands der Unfug des Vogelfanges bisher ziemlich arg betrieben worden ist, z. B. mit den Lerchen, Krametsvögeln u. s. w.

Der Unfug des Vogelfanges ist nicht länger zu dulden, weil man ihn vor lauter Ungeziefer nicht mehr ertragen kann. Was ist also zu machen? Zuerst muß man laut und allgemein darüber klagen; daher glaube ich ganz im Sinne der Bevölkerung der von mir durchwanderten Bezirke zu handeln, wenn ich diese Klage öffentlich erhebe und deren Berücksichtigung dem Landtage oder der Regierung bringend ans Herz lege. Die Legislative soll ein strenges Gesetz gegen den Vogelfang mit Beiziehung von Sachverständigen erlassen und die Executive dasselbe mit aller Energie zur Ausführung bringen. Voran soll der große Vogelfang auf den Vogeltennen abgeschafft werden, weil da die allermeisten Vögel zu Grunde gerichtet werden. Zu allererst soll man aber die sogenannten berech tigten Vogeltennen niederreißen, die weiß Gott aus welcher Feudalzeit her einen alten Brief vorzuweisen haben, und zwar aus dem Grunde, weil es kein Recht geben konnte und geben wird, ein Geschäft zu treiben, das offenbar zum allgemeinen Schaden gereicht, solche sogenannten Rechte sind nicht zu respektiren, sondern einfach und zwar ohne den mindesten Entgelt aufzuheben. Oder mit welcher Consequenz will man den Vogelfang anderen verbieten, wenn man diesen gewähren läßt? Heißt dies nicht soviel als sagen: Du kleiner Wicht darfst keine Vögel fangen, weder viele noch wenige, weil es zum öffentliche Schaden gereicht; aber jener große Herr, der darf fangen wie viele er will, wenn uns übrige auch allesammt die Schaden fressen, weil er einen alten Papierfetzen als Garantie vorweisen kann; und dann wohlgemerkt, wenn du kleiner Wicht nichts mehr fängst, dann bekommt der andere ja mehr und das ist auch etwas! Wird der große Vogelfang auf den Tennen nicht unbedingt eingestellt, wozu soll dann das Verbieten des kleinen Fanges? Oder ist's wohl recht, einen Jungen mit Ohrfeigen zu regaliren, wenn er einen Rothkropf oder eine Meise fängt, während der große Dieb bei seinem Fange nach Tausenden durch ein Gesetz vermöge eines alten Papieres geschützt wird?

Ferner wäre der Verkauf von kleinen Vögeln, sowohl auf offenem Markte als in Gasthäusern durchwegs zu verbieten, die etwa gefundenen Vögel wegzunehmen und der Uebertreter für jedes Stück zu bestrafen, er sei Bauer, Wirth oder Gast. Endlich ist das Volk gründlich über den Nutzen der Vögel und den Schaden ihrer Vertilgung zu unterrichten und anzuleiten, wie es auf ordnungsmäßigem Weg selbst für die Haltung der Gesetze sorgen und die Uebertreter zur Ordnung verweisen lassen soll. Denn das Volksbewußtsein ist der beste Wächter des Ge-

ſetzes, und wenn einmal jeder Widerſpenſtige weiß, daß ſein
Volk ihn der Behörde anzeigt und ausliefert, ſo wird der Unfug
bald ſein Ende erreichen. Nach meinem Dafürhalten ginge dieſes
im deutſchen Antheile von Tirol ohne Schwierigkeit durch; denn
ſoviel ich weiß, werden auf dem Lande die Vögel wenig be-
helliget, man bedauert ihr Verſchwinden, und man murrt über
ihren Fang, weil man das Ungeziefer haßt. Die Schwalbe
iſt bei uns wie ein geheiligter Vogel, aber der Italiener
verzehrt ſie zur Polenta. Man ſollte überhaupt alle, gleichviel ob deutſch oder italieniſch, welche im Großen Vögel fangen,
oder gefangene kaufen und verzehren, vor dem ganzen Volke
öffentlich in der Zeitung nennen und ich will mit dem guten
Beiſpiel dazu vorausgehen, indem ich ſage, daß man mir in
Bogen ſoviel von dem Vogelfang eines gewiſſen Don Antonio
erzählt hat, daß ich daraus ſchließen muß, er habe Aergerniß
gegeben. Zum Schluſſe dieſer Abſchweifung noch ein Wort
an die Italiener. Liebe Nachbaren, leget die Hand auf's
Herz und überleget, was ihr durch den Fang der kleinen
Vögel, die ihr zum Leben denn doch ganz gewiß nicht
brauchet, uns und euch in Wald und Flur für einen fürch-
terlichen Schaden anrichtet. Laſſet die kleinen Sänger ziehen,
die uns Gott geſchenkt und genießet die ſchönen Erzeugniſſe
eures herrlichen Landes, die euch zu ſättigen vermögen.
Schädiget uns nicht, ſondern ſeid Nachbaren und Freunde!

Noch kann ich von Reutte nicht ſcheiden, ohne auch einen
Tadel zu hinterlaſſen. Noch iſt die Verbeſſerung der Düngerwirthſchaft lange nicht durchgeführt, wie ſie ſein ſoll, und wie
ſie verſtändige Männer daſelbſt bei ſich eingeführt haben; noch
iſt über Breitenwang hinauf ſehr viel naſſes Feld, das ganz
leicht entwäſſert werden könnte und nachher ſehr reichlich
tragen würde. Endlich aber läßt die Baumzucht noch gar

sehr viel zu wünschen übrig. So gibt es freie Plätze z. B. Weideplätze gegen Pflach zu, die unbeschadet der Weide und ohne Nachtheil für das Feld mit Bäumen z. B. mit Eschen bepflanzt werden könnten, auf welchen seiner Zeit ein bekanntlich ausgezeichnetes Futter in der Luft wachsen würde. Diesem prächtigen Baume schenkt man an vielen Orten noch viel zu wenig Aufmerksamkeit, obschon oft nicht weit entlegene Nachbaren ihn zu würdigen wissen. Kältere Gegenden und solche Plätze, die mit Obstbau nicht wohl bestellt werden können, wären bisweilen mehr damit zu bedenken. Nur soll die Esche so wie andere Bäume nicht zu nahe an's Feld kommen; aber am wenigsten im Felde selbst stehen, weil Schatten und Wurzeln demselben nachtheilig sind. Aber auch dies ist zu bedenken, daß es gut ist, wenn zwischen ausgedehnten Feldern Gesträuche und Baumgruppen stehen, damit die Vögel ein Obdach finden und leichter in der Nachbarschaft auf Ungeziefer lauern können. Und wie steht's mit der Obstbaumzucht, und etwa mit einer Erlenau auf dem sonst unfruchtbaren Lechsande? Aller Ehren werth ist der dort gemachte Anfang; möge er nur geschont werden und gedeihen und die Nachwelt wird den thätigen Förster loben, der dazu den Einschlag gab. Diese Anlage ist eben ein Versuch, der im Falle des Gelingens einst eine folgenreiche Nachahmung im Lechthale finden sollte.

Von Reutte begab ich mich in das idyllische Binswang mit seinen schönen Wiesenplänen. Nur muß ich leider von diesen schönen Wiesenplänen sagen, daß sie in Betreff des Erträgnisses wohl das traurigste Beispiel liefern, das vielleicht im Lande anzutreffen ist. Der Boden dieser Wiesen besteht aus dem Kalkalluvium des Lech's, der in der Vorzeit außerhalb Binswang einmal abgesperrt, hier einen großen See gebildet hat. Alte Seeböden sind bisweilen recht unfruchtbar, weil ihre Geschieben im Laufe der Zeit durch das Wasser ausgelaugt worden sind, und dies muß wohl hier um so mehr der Fall sein, weil das Alluvium selbst aus einem sterilen Alpenkalk besteht. Ueber diesen Matten steigen ebenfalls Kalkfelsen auf; diese tragen aber Wälder, deren Wuchs auf eine gar nicht schlechte Fruchtbarkeit hindeuten. Die besagten Wiesen sind mit Mooswuchs durchflochten und gewähren das Bild einer sehr geringen Fruchtbarkeit. Einmal waren sie jedenfalls mit Korn bebaut, weil man noch die Spuren des Beetbaues deutlich wahrnimmt. Vielleicht hat man hier auf dem ohnehin sterilen Boden noch versucht einen Raubbau zu treiben. Indessen scheint mir mehr noch die Art der Wirthschaft, als die natürliche Bodenbeschaffenheit an den schlechten Erträgen Schuld zu tragen. Denn die Düngerwirthschaft ist schlecht und ein großer Theil der männlichen Bevölkerung wandert im Sommer auf Arbeit in's Ausland. In Betreff der Düngerwirthschaft wurde mir eben unter anderem gesagt, daß man nicht selten das rohe Buchenlaub, ohne es vorher durch eine Behandlung wie im Composthaufen mürbe und leichter verweslich zu machen, als Streu benützt, das auf dem Felde mit dem Dünger ausgebreitet, leicht abtrocknet und dann mit Düngerstoffen getränkt, nicht selten vom Winde verblasen wird. Wo die Düngerwirthschaft recht gehandhabt wird, da wächst auch in Binswang etwas, wie einzelne Beispiele beweisen. Würde man vom Anfange um Gewalt zu brauchen Guano oder sonst einen entsprechenden Kunstdünger anwenden, so dürfte wahrscheinlich das Feld augenblicklich geweckt werden können. Aber solchen zu kaufen hat hier nicht Jedermann das Geld, was wohl zu einiger Entschuldigung gereicht. Ferner aber gehört es wirklich zu den eigenthümlichen Zuständen in Tirol, daß man von Guano

ober Kunſtbünger eigentlich gar nicht reben barf. Denn ein
jeber erſchrickt vor bem Preis und weil eine Buchhaltung auch
eigentlich bei Niemanben unter ben Bauern Brauch iſt, ſo
wüßte ſich auch kaum einer barüber Rechenſchaft zu geben,
ob er bei Anwenbung eines ſolchen Düngers vorwärts ober
rückwärts gehe. Es würde bieſer Gegenſtanb und namentlich
bie Wieſenkultur in Binswang unter bie Experimente bes oben
angebeuteten mobilen Verſuchsinſtitutes gehören. Ferner ſcheint
es mir auch ſehr noch in Frage zu ſtehen, ob manche von
benen, welche im Sommer auswärts auf Arbeit wanbern,
nicht oft viel mehr baheim verbienen würben, wenn ſie ſich
mit allem Fleiße auf bie Cultur der heimiſchen Pflanzen ver-
legen möchten. Aber ein alter Brauch in einer Gemeinbe gleicht
oft einer böſen Gewohnheit an einem Inbivibuum.

Sehr zurück ſinb Leute und Felber auch hier im Laufe einiger
Jahre baburch gekommen, baß der Abfraß in furchtbarer Weiſe bie
Wieſen verheert hat. Es iſt auch hier ſchwer zu helfen, weil bie
Maikäfer in wahrhaft zahlloſer Menge in den hart über ben
Wieſen ſteil anſteigenben Buchenwälbern ſich einfinden, wo ſie
ſchwer ober gar nicht geſammelt werden können. Auch ſah
ich auf allen bieſen Felbern auch nicht einen Maulwurfshügel.
Wieber etwas für bas mobile Verſuchsinſtitut, ſo wie bas
folgenbe.

Es iſt vollkommen klar, baß nach der Theorie der Lanb-
wirthſchaft der Maulwurf nicht vertilgt werden barf, ſo wenig
man bie Vögel ausrotten barf. Es haben aber bie meiſten
unſerer Bauern einen ſo unbänbigen Wiberwillen gegen bie
Maulwürfe, baß man ihnen kaum mit einer Erklärung bei-
kommen kann. Es wird bas Mähen, ſagen ſie, zur völligen
Unmöglichkeit, viel Heu wird ruinirt und burch ben Löcher-
bau der Boten verborben. Auf fruchtbaren Böben in Süb-

tirol komme wegen der üppigen Vegetation der Abfraß nicht dazu, viel Schaden zu machen, hingegen sei der Maulwurf unbedingt ein Schurke. Es wären also auch hier paralelle Versuche angezeigt. Anderswo in Deutschland ist man eben nicht mehr im Zweifel über den Nutzen des Maulwurfes, aber bei uns ist das Eigenthümliche, daß man ihn wirklich erst beweisen zu müssen scheint.

Noch muß ich erwähnen, daß man ungefähr vor 10 Jahren einen ungeheuren Wald nach Baiern um 26,000 fl. Silber verkauft, noch beim Abtrieb viel Geld verdient, und das Geld an die Haushaltungen vertheilt hat. Der angelegte Schlag ist ein Kontinuum von ungeheurer Ausdehnung, so daß nach den Forstregeln auf einen natürlichen Samenanflug kaum gerechnet werden kann, und er soll jetzt von dem gewöhnlichen Waldunkraut recht hübsch überwuchert, kaum da und dort Spuren eines jungen Anfluges zeigen. Man muß hier mit begründeter Furcht fragen, ob wohl noch ein Wald aufkommen werde? Und wenn er von selbst nicht mehr aufkommt, wird die Gemeinde nachhelfen, oder was will sie mit der Strecke? Geld hat man allerdings eingenommen, ob man aber durchwegs gescheidt gehandelt habe, ist freilich eine andere Frage; wahrscheinlich hat man wieder einen Wald aus dem Kapitalbuche des Landes gestrichen.

Von Binswang begab ich mich in's Lechthal. Das untere Lechthal bietet einen traurigen Anblick dar, weil die ganze sehr breite Thalsohle von dem unfruchtbaren Kalksande des Lech bedeckt ist, der nach Belieben den Faden seines Laufes in dem weiten Bette wechselt. Etliche recht wohlhabende Gemeinden könnten hier auf der langen und breiten Thalsohle wohnen, und der Lech selbst ließe sich leicht zähmen, aber es ist wohl nur eine geringe Hoffnung vorhanden, daß der sterile Kalkschutt ohne ungeheure Kosten für eingeführten Dünger sobald eine Kultur annehmen würde. Es begründet nämlich ein sehr schlimmes Vorurtheil, wenn im Laufe von Jahrhunderten auf schönen Flächen keine Kultur vorgenommen wurde und auch kein rechter Wald, sondern nur verkrüppeltes Gestäude sich zu entwickeln vermochte, wie an vielen Stellen dieser Wüste zu sehen ist.

Ich hielt Vorträge in Holzgau, zweimal in Bach, in Elbigenalp, Häselgehr, Vorderhornbach und Weißenbach. Die Landwirthschaft ist hier nicht so schlimm daran, weil namentlich das Düngerwesen weit vorgerückt ist, und dieser Umstand ist es, warum man hier auch einem von Natur aus sehr sterilen Boden sehr hohe Heuernten entlockt. Man hat seit zwei Jahren an mehreren Orten Tirols Versuche angestellt, die Knochen nach dem Verfahren Ilienkofs aufzuschließen, welches ich im landwirthschaftlichen Kalender mitgetheilt habe. Aber das Verfahren gelang nicht und kam deswegen in Mißkredit, jedoch ganz mit Unrecht. Die Leute stellten den Versuch nicht recht an, nahmen zu wenig oder zu schlechte Asche, vor allem aber ließ man die Grube, worin Knochen, Asche und Kalk gemischt wurden, trocken stehen. Im Lechthal wurde ebenfalls der Versuch von Jemanden gemacht und er gelang vollkommen, ja leistete noch mehr als man erwartet hatte. In die erwähnte Mischung von Aetzkalk und Asche warf man auch Hörner und diese wurden bis auf den inneren Knorpel, also gerade die harte Hornsubstanz — so zersetzt, daß man sie zwischen den Fingern zerreiben konnte. Ein gelungener Versuch ist mehr werth, als hundert mißlungene, und ich kann daher auf Grund dieses gelungenen Versuches die Aufschließung und Mürbemachung der Knochen durch eine Mischung von Aetzkalk und Asche nicht genug empfehlen und zwar aus dem zweifachen Grunde, weil man keine Knochenmühle braucht, und der Dünger noch besser wird, als reines Knochenmehl allein. Für diejenigen, welchen das erwähnte Verfahren Jlienkofs aus dem landwirthschaftlichen Kalender vom Jahre 1867 nicht mehr bekannt sein sollte, wird dasselbe hier wieder abgedruckt.

Die Verwendung der Knochen wird dadurch erschwert, daß man dieselben vor ihrer Verwendung erst pulvern muß. In den gewöhnlichen Stampfmühlen bei uns werden die Knochen zu einem ziemlich groben Pulver zermalmt, welches den Nachtheil hat, daß es langsamer in Verwesung übergeht, daher auch langsamer wirkt. Daß es bei solchen Umständen länger nachwirkt, ist zwar richtig und recht; entschieden besser aber wäre es, wenn es auf einmal wirken würde; denn dann bekommt man sogleich das Kapital sammt hohen Zinsen vom Felde wieder zurück, und man kann mit einer kleineren Menge Knochen ein größeres Feld bestellen.

Ein zweiter Nachtheil unsers gewöhnlichen Knochenmehles besteht darin, daß es nicht aufgeschlossen ist, sondern erst durch die Verwesung aufgeschlossen werden muß. Dies will sagen, der Stickstoff, der Kalk und zumal die Phosphorsäure können nicht unmittelbar im Boden verbreitet und den Pflanzen zur Verfügung gestellt werden, sondern erst nach und nach in kürzerer oder längerer Zeit. Daher wirkt nicht aufgeschlossenes Knochenmehl erst nach längerer Zeit, wenn es bereits schon hätte wirken sollen, z. B. beim Sommerkorn nach der Ernte; aufgeschlossenes Knochenmehl aber fängt sogleich an zu wirken.

Eine Methode des Aufschließens des Knochenmehles besteht darin, daß man 100 Pfund Knochenmehl mit Wasser zu einem Brei anrührt und nach und nach mit mindestens 25 Pfund Schwefelsäure versetzt. Ein so aufgeschlossenes Knochenmehl gehört unter jene Reihe von Kunstdüngern, welche man Superphospate nennt. Auf diese Art wird aber das ohnehin schon theure Knochenmehl noch mehr vertheuert, besonders weil wir keine Schwefelsäurefabrik besitzen, und nur wenige werden sich entschließen, fertiges Superphosphat vom Auslande einzuführen oder es in der eben erwähnten Weise zu bereiten.

Es scheint daher angezeigt zu sein, das von Jlienkoff veröffentlichte Verfahren einer neuen, und wie es scheint, ebenso billigen als zweckmäßigen Aufschließung der Knochen, welches noch dazu das Stampfen derselben erspart, nach den Annalen der Chemie und Pharmacie hier kurz mitzutheilen.

Um 400 Pfund Knochen aufzuschli ßen, werden 400 Pf Holzasche und 60 Pfund ungelöschten Kalkes erfordert. Es wird vorausgesetzt, daß die Holzasche gut (also etwa nicht ausgelaugt sei,) somit doch 10% kohlensaures Kali enthalte. Der Kalk wird mit Wasser besprengt, damit er zu Pulver zerfalle, und dieses Kalkpulver wird mit der Holzasche innig vermengt. Ein Kalk, der schon lange Zeit an der Luft gelegen und von selbst zerfallen ist, ist nicht mehr gut zu verwenden, weil er großentheils k.in Aetzkalk mehr ist, sondern wieder viele Kohlensäure angezogen hat. Nun werden in einer mit Brettern ausgeschlagenen Grube oder in einem Troge 200 Pfund Knochen schichtenweise mit dem Gemenge der Holzasche und des Kalkes versetzt, mit 360 Pfund Wasser (ungefähr 143 Maß) durchnäßt und das Gemenge sich selbst überlassen. Von Zeit zu Zeit muß man aber etwas weniges Wasser nachgeben, um die Masse stets feucht zu erhalten. Nach längerer Zeit werden die Knochen so zersetzt, daß sie sich durch Reiben mit den Fingern wie eine weiche schmierige Masse zertheilen lassen. Ist nun die Zersetzung so weit vorgeschritten, so werden die übrigen 200 Pfund Knochen in einer anderen größeren Grube schichtenweise mit dieser Masse vermengt, und zugewartet, bis auch sie so zersetzt sind. Liebig bemerkt hiezu, daß es zur vollständigen Zersetzung der Knochen wichtig sei, das Gemenge stets feucht zu halten, und meint durch einen Zusatz von Gyps würde dieser Dünger für manche Früchte noch besser werden. Sind die Knochen zersetzt, so wird die Masse aus der Grube geschaufelt und zum Behufe des Trocknens und bessern Vertheilung mit etwa 400 Pfund Torfklein (Torfabfälle) oder einer entsprechenden Menge Erde versetzt, öfter umgeschaufelt und recht gut vermengt. Dieses Gemenge enthält ungefähr 12% phosphorsauren Kalk, 2% Kalisalze und 6% stickstoffhaltige Substanz. Es ist also ein sehr guter Dünger, welcher schnell, und wegen seiner Beimengung von Asche besonders für kaliarme Böden entschieden besser wirkt, als das bloße Knochenmehl.

In Bach wurde eine Gipsmühle errichtet um den dortigen Gipsbruch für die Landwirthschaft auszubeuten. Die Ausbeutung des ausgezeichneten Gipslagers in Weißenbach läßt schon lange her nichts mehr zu wünschen übrig. In Bach besteht auch schon seit längerer Zeit eine wirklich nachahmungswerthe Gepflogenheit, nämlich: Man versammelt sich wöchentlich einmal im Schulhause und da wird ein kurzer Auszug aus den Zeitungsnachrichten vorgetragen, namentlich werden die landwirthschaftlichen Blätter vorgelesen und über landwirthschaftliche oder auch gewerbliche Gegenstände eine Besprechung gepflogen. Dies verdient wirklich Nachahmung, fordert aber einen geschickten Leiter. In Würtemberg ist diese Sache schon bekannt unter den Namen landwirthschaftlicher Casino.

Irgendwo hörte ich hier eine gewiß sehr vernünftige Bemerkung machen, wie der Waldfrevel durch Holzdiebstahl am besten zu vermindern wäre. Gemeinden und Förster sollten bei der Anweisung des jährlichen Holzbedarfes nicht karg sein, sondern jedem lassen, was er vernünftiger Weise wirklich braucht. Der Trieb zum Waldfrevel wird jedenfalls angeregt, wenn Jemand wirklich am Holze Noth hat und frieren soll. Zugleich aber soll man dahin wirken, nach und nach eine zweckmäßigere Heizung, die Holz erspart, einzuführen, sowohl in Oefen als auf Herden. Gut gebaute Sparherde, deren abziehende Hitze noch die Stube heizen hilft, sind überhaupt sehr zu empfehlen wegen ihrer Reinlichkeit und besonders deswegen, weil die Küche dadurch erwärmt wird wie ein Zimmer. Weiber wissen zu sagen, wie sehr sie oft in den Küchen frieren müssen, und wie schlimm die Hennen daran sind. Auch an Sparherden fehlt es im Lechthal nicht mehr. Aber die Stubenöfen könnten zweckmäßiger sein, um minder Holz zu verbrauchen.

Vom Lechthal aus begab ich mich in das schöne Hochthal von Tannheim, wo die hübschen Häuser zur Gegend passen und von dem Verstande, der Bewerblichkeit und dem Wohlstande der Bevölkerung Zeugniß geben, der man es ansieht, daß sie in nächster Nähe von dem in landwirthschaftlicher Beziehung sehr vorgeschrittenen Allgäu lebt. Nirgends in Tirol ist die Düngerwirthschaft so vorgeschritten als wie hier, wo es wohl kaum einen Düngerhaufen mehr gibt ohne Jauchengrube und ohne Gips. Aber das Vieh weiß auch, was man heimführt und füttert und bedankt sich dafür. Ich hielt Versammlungen in Nesselwängle, Tannheim und Zöblen.

In Tannheim besteht eine Zeichnungsschule. Es wandern nämlich von hier viele junge Leute als Maurer und Stukaturarbeiter aus, und weil es ganz natürlich ist, daß besser unterrichtete, namentlich des Zeichnens kundige Jünglinge viel anstelliger sind und schneller zu einem höheren Erwerb gelangen, so ist in ihrer Muttergemeinde für sie in sehr kluger und wohlthätiger Weise durch eine Zeichnungsschule gesorgt worden.

Durch eine ganz unstatthafte Einmischung scheint hier eine auch in anderen Gemeinden des Landes schwebende Differenz einen akuteren Charakter angenommen zu haben. Ich muß von dieser Differenz reden, weil sie wesentlich ein landwirthschaftliches Interesse betrifft. Es handelt sich nämlich darum, ob das Vieh im Herbst auf die Felder zur Weide gelassen werden soll oder nicht? Die herbstliche Viehweide auf den Heimfeldern ist eine wenigstens in Nordtirol sehr weit verbreitete, ja fast allgemeine Sitte seit uralter Zeit her. So weit ich aber gekommen bin, gibt es wohl keine Gemeinde, in welcher nicht viele und darunter gerade die tüchtigsten Landwirthe gegen diese Sitte sind, und sie je eher desto lieber möchten abgestellt wissen. Sie führen dagegen die folgenden Gründe an: Das Futter sei oft schlecht und verursache Durchfall, mitunter sogar lebensgefährliche und tödtliche Blähungen, die Felder besonders auf weicheren Böden werden zerstampft, Wintersaaten verletzt, weil eine genaue Abhütung gar nicht möglich sei, wo eine Bewässerung üblich und eingerichtet ist, werden die Wasserwälle verletzt, jedenfalls der Graswuchs für's nächste Jahr bedeutend beeinträchtiget, besonders wo Schafe weiden; der Schaden der herbstlichen Viehweide sei daher immer größer als der Nutzen, und man könne ihr überhaupt keine Berechtigung zuerkennen, weil der Eigenthümer nicht mehr Herr auf seinem Felde bleibt. Diejenigen aber, welche für die besagte Viehweide einstehen, sagen, der Schaden derselben sei nicht so groß, als wie die Gegner behaupten, dagegen sei die Ersparung von Futter eine namhafte, die vorzüglich für ärmere

Landwirthe in's Gewicht falle, und mit diesen eben müsse man barmherzig sein; auch gebe das Vieh sehr viel Milch davon.

Wenn ich mir die Aeußerungen der Landwirthe, die ich hierüber im Lande gehört habe, zusammenstelle und nach der Auktorität der Personen abwäge, so muß ich mich für die= jenigen entscheiden, welche von der Herbstweide des Viehes auf dem Heimfelde, wie sie einmal bei uns üblich ist, nichts wissen wollen. Denn es scheint wirklich der Schaden, wenig= stens in sehr vielen Fällen größer zu sein als der Nutzen. Ist dies aber der Fall, so ist die Frage schon entschieden und zugleich der Skrupel beseitiget, daß man mit den Armen Barmherzigkeit haben müsse. In diesem Falle verdient der Arme nicht die allerminderste Rücksicht; denn auf dem Felde des Armen wird der Schaden der Viehweide ebenfalls viel größer sein als der Nutzen, folglich hat er keine Wohlthat durch diese Weide zu empfangen, sondern Schaden zu leiden; denn was er für den Augenblick im Herbst profitirt, verliert er durch Verminderung der Fruchtbarkeit für das folgende Jahr doppelt, und gerade er um so mehr als der Reiche, weil seine Felder in der Regel magerer sind, daher noch viel weniger aushalten. Ist der Schaden größer als der Nutzen, dann folgt daraus, daß der reiche Geber mehr gibt, als der arme Empfänger annimmt, daß also eigentlich eine Ernte= vergeudung stattfindet, die sich um so weniger rechtfertigen läßt, wenn man den erwachsenden Schaden einer ganzen Ge= meinde zusammenrechnet. In Wahrheit, da gäbe es andere Mittel der Barmherzigkeit, als eine Vergeudung. Nicht gering ist auch die Rechtssache anzuschlagen, daß jeder auf seinem Felde vollkommen Herr sein dürfe, denn wer in der Landwirthschaft nicht arbeiten und kultiviren kann, wie er will, der thut auch nicht mehr, was er kann. Wenn man die Felder düngt, bevor das Vieh zur Weide kommt, so werden sie verschont. Nun ist in einigen Gemeinden aber seit alter Zeit ein Gesetz, welches einem jeden das Düngen vor einer gewissen Zeit im Herbst untersagt, damit das Vieh in der Weide nicht verkürzt werde. Es kam wohl auch schon der Fall vor, daß Jemand seine Felder im Herbste düngte, um fremdes Vieh abzuhalten, sein eigenes aber dennoch auf fremden Feldern weiden ließ. Man hat mir übrigens erzählt, daß der Heuertrag im vorigen Jahre dort viel größer ausgefallen sei, wo man von wegen der Lungenseuche die Herbstviehweide auf dem Felde einstellen mußte.

Indessen ist dieser Fall eines von den vielen Beispielen, wie vieles in unseren landwirthschaftlichen Zuständen noch unfertig ist, und wie manches wir noch zu studiren' hätten. Es ist nämlich diese Frage über den Nutzen oder Schaden der Herbstweide auf den Feldern schon eine sehr alte, aber soviel ich weiß, sind bei uns noch nie und nirgends vergleichende Versuche mit einer wissenschaftlichen Genauigkeit angestellt worden, um sie theoretisch und gar manche Rechtsfragen praktisch mit ihr zu entscheiden. Die Urtheile, die wir in Betreff des Schadens dieser Weide, an dem ich übrigens in sehr vielen Fällen nicht zweifle, besitzen, beruhen auf bloßen Schätzungen des Augenmaßes hinsichtlich des Ertrages, in Betreff der Ruinirung der Wasserwälle und der Zerstampfung des Feldes freilich aber auf der unmittelbaren und untrüglichen Wahrnehmung. Es wäre dieß, was die Ertragsfrage betrifft, wieder ein Gegenstand des wissenschaftlichen Versuches für das von mir vorgeschlagene mobile Versuchsinstitut.

In Zöblen wurde ungemein geklagt über die unzählbaren Feldmäuse und es ward ein Mittel nach William Löbe in

Vorschlag gebracht, Schafherden im Herbste zu wiederholten Malen über die Felder hinwegzutreiben, was den Mäusen so unangenehme Beschwerden macht, daß sie für gut finden, auszuwandern. Es wurde im Verlaufe des Gespräches auch vorgeschlagen, Katzen auf das Feld zu bringen und zwar wenn möglich mit noch ganz kleinen Jungen, und man sollte ihnen in geeigneten Kästen ein Standquartier bereiten als wie den Staaren. Vielleicht noch zweckmäßiger wäre, wenn in Steinhäufen Bruten von Wieseln angesiedelt werden könnten, welche wahre Rachegeister der Natur gegen das Überhandnehmen der Mäuse genannt werden müssen.

Bevor ich von Zöblen scheide, muß ich eine Wirthschaft beschreiben, die wohl weitum ihres gleichen suchen dürfte und deßwegen allgemein als ein Muster aufgestellt zu werden ververdient. Es ist die Wirthschaft des Herrn Wötzer, der, soviel ich weiß, blos Milchwirthschaft betreibt, wie es für die dortige Gegend eben angemessen ist. In dem hohen, lichten, geräumigen und sehr reinlichen Stalle wohnen 8 stattliche, wohlbeleibte Kühe, die nicht gerade zu den allergrößten gehören, und genießen in Folge vortrefflicher Lüftung eine Luft und geregelte Wärme, wie sie wohl sehr vielen Bauernstuben zu wünschen wäre. An einer Säule hängt das Thermometer. Wohl keine Kuh, die einmal diesen Stall betreten hat, verläßt ihn wieder, außer um auf den Markt oder die Schlachtbank zu wandern; denn Herr Wötzer läßt sein Vieh weder auf die Alpe noch Weide, sondern betreibt die Sommerstallfütterung, und er braucht dazu für eine Kuh nicht mehr Feld, als etwa 800 bis höchstens 1000 Quadratklafter. Das Vieh wird im Stalle getränkt mit einem temperirten Wasser, das zu diesem Zwecke eine Zeit lang vor der Tränke in einen Brunnentrog geleitet wird. Von jeder Kuh wird täglich die

Milch gemeſſen und aufnotirt, und aus dieſer Aufſchreibung
geht hervor, daß ſie 1800—2400 Maß Milch geben. Früher
wurde die Milch zur Fettſennerei verkauft, man ſah aber ein,
daß man durch eigene Sennerei weiter komme. Herr Wötzer
erzeugt vortrefflicher Bachſteinerkäſe und Butter, und verwer-
thet ſeine Milch auf 6 kr. Silber ſüddeutſcher Währung.
Als Streu wird das Heu einer Streuwieſe gut mit Gips
verſetzt und nicht in Uebermaß verwendet. Der Miſt wird
täglich abgeſchoben in eine eigene ringsum geſchloſſene und
gut gedeckte Miſtſchupfen, die durch ein Thor verſchloſſen iſt.
Von der Jauchengrube führt eine Röhrenleitung tiefer hinab,
an deren Ende eine Brunnenſäule ſteht, von welcher ſeiner
Zeit die Jauche in die vorgeführten Truhen abgelaſſen wird.
Auf Feldtheile, wohin die großen Truhen nicht unmittelbar
geführt werden können, wird die Jauche mit einer auf einem
kleinen Karren befindlichen Handtruhe gebracht, die aus der
großen Truhe gefüllt wird. Viermal, ſage viermal im Tannheimerthale, werden die Wieſen gemäht, aber natürlich ſehr jung,
und jedesmal nach dem Mahde mit Jauche verſorgt. Das Heu
wird auf dem Felde nur halbwegs getrocknet, dann in dem geräumigen Stadel auf einen Roſt gebracht, der oben unter Dach
des Stadels ſich befindet und nöthigen Falles auch verdoppelt werden kann, dort noch gewendet und vollends im Schatten gedörrt, zu welchem Zwecke die Oeffnung der Jalouſien in
dem ſonſt gut eingewandeten Stadel den nöthigen Luftzug liefert. Dieſes Heu wird auf dem Stocke nicht mehr erhitzt,
und ſieht wirklich prachtvoll grün und ſaftig aus. Daran
mögen ſich ſo viele Patrone des ſpäten Mähens ein Beiſpiel
nehmen, deren Ausreden — wenn vielleicht auch nach den
örtlichen Verhältniſſen nicht alle, — eigentlich nur Schaden-
lügen eines alten Brauches zum Nachtheile des eigenen Geld-

beutels sind. Auch in Betreff des frühen Mähens bekäme das mobile Versuchsinstitut in mancher Gegend des Landes eine sehr lohnende Aufgabe.

Von der Waldstreu und insbesondere vom Buchenlaube will man im Tannheimerthale nicht viel wissen, aber in Betreff der Drainage und Wasserregulirung wäre allerdings noch vieles, freilich mit großen Kosten zu thun übrig. Warum sollte nicht auch hieher wenigstens eine Anleihe aus einem öffentlichem Fonde zur Unterstützung kommen? Herr Wötzer, der eine Ziegelei besitzt, hat auch in der Drainage mit großem Profit seinen Mann gestellt, sich die Ziegelröhren selbst fabricirt und er sagt, es wäre dieses überhaupt oft das Gescheidteste, weil die Werkzeuge zur Herstellung der nöthigen Thonröhren überall leicht hingeführt werden und bei jedem Lehmlager ohne viel Umstände ein provisorischer Ziegelofen errichtet werden könnte. Zum Schlusse muß ich noch beifügen, daß ich bei Herrn Wötzer zum ersten Male auf einem rein bäuerlichen Anwesen eine landwirthschaftliche Buchführung angetroffen habe.

Jungholz, dieses vorgeschobenste Dörfchen von Tirol, das blos noch durch einen geometrischen Punkt mit unserem Lande zusammenhängt, betreibt eine große Fettsennerei; denn es werden daselbst täglich 700—800 Maß zu Emmenthaler Käsen versennt. Ich fand dort eine sehr intelligente Bevölkerung und als ich dieses in der Versammlung bemerkte, wurde mir gesagt, ich sollte nur ein bischen weiter in's Allgäu hinauskommen, da würde ich schon noch viel tüchtigere Landwirthe finden. Jemand sagte mir, wir sind erst durch die Fettsennerei zu ordentlichen Bauern geworden, und zwar deswegen, weil wir dadurch haben rechnen lernen müssen. Denn kommt man zum Senner, der unsere Milch erstlich mißt und dann noch

wägt, da bekommt man es bald zu hören: Was haſt du ge=
macht, wie haſt du gefüttert? Sieh, du haſt heute um ſo
und ſoviel weniger und noch dazu eine ſchlechtere Milch, gib
Acht mit Füttern. Wenn man täglich ſeine Rechnung vor
ſich ſieht und den Nutzen oder Schaden vor Augen hat, dann
lernt man wirthſchaften. Dieß brachte uns nicht bloß auf eine
beſſere Fütterungsmethode und frühes Mähen des Futters, ſon=
dern wirkte auch dahin, daß wir unſere Düngerwirthſchaft we=
ſentlich verbeſſert haben. Auch in Betreff der Reinlichkeit bei
der Milch hat uns der Senner gründlich bekehrt. Ja, dieß
ſind goldene Worte. Würden unſere Bauern auch beim klein=
ſten Hausweſen fleißig aufſchreiben und rechnen, ſie würden
es bald los haben, wie und wo ſie weiter kämen. Aber es
iſt einmal nicht Brauch und ſie haben es weder gehört noch
gelernt, und ſomit bleibt es beim Alten. Von Jungholz
wanderte ich über Vils zurück, wo ich noch einen Vortrag
hielt und gelangte wieder ins Oberinnthal. Ich nahm die
Ueberzeugung mit, daß ich zwar einen rauheren und ſtellen=
weiſe nicht ſehr fruchtbaren Bezirk durchreiſt' habe, daß aber
die Bevölkerung desſelben rühriger und in Betreff der Land=
wirthſchaft vielfältig mehr vorgeſchritten iſt, als im Ober=
innthal.

Ich beſuchte die Dörfer Karres, Imſterberg und Schön=
wies und fand überall eifrige Zuhörer. In Zams kam ich
mit Jemanden im Gaſthauſe in eine warme Erörterung
in Betreff des Mondeinfluſſes und der Kalenderzeichen. Das
Volk ſchreibt dem Monde allerhand Wirkungen zu, und
manche darunter ſind ſo komiſch ungereimt, daß das breite
Geſicht des Vollmondes noch um vieles breiter vor Lachen
werden müßte, wenn er darum wüßte, was man ihm alles
zur Laſt lege. So wurde in Weißenbach von Jemanden auf=

merksam gemacht, man sollte das Bachbett von den Steinen
reinigen, welche ein Hochwasser herbei gewälzt hatte, um nicht
bei einem erneuten Gewässer einen etwaigen Ausbruch fürch=
ten zu müssen. Diesem aber wurde bedeutet, es sei nicht
nöthig, denn sobald der Mond einmal die Hörner abwärts
strecke, werde der Bach schon selbst die Steine fortschaffen.
Es ist ein durch das Lechthal, Oberinnthal und Vintschgau
weit verbreiteter und sehr zäh fest gehaltener Glaube, daß
die Grasnarbe auf Wiesen unfehlbar getödtet werde, wenn
man beim niedergehenden Monde Düngerhäufen oder Jauche
darauf führe, was nicht der Fall sei, sobald das nämliche
beim übergehenden Monde geschehe. Uebergehend heißt der
Mond, wenn er über dem Aequator steht, und wenn er dar=
unter steht, niedergehend. Dies sei eine Thatsache, die durch
hundert und abermal hundert Erfahrungen unwiderleglich be=
wiesen sei. Ich bin nun so frei, diesen Einfluß des Mondes
vorläufig nicht zu glauben, sondern mit frecher Keckheit weg=
zuläugnen, und alle die hundert und abermal hundert Er=
fahrungen und meinetwegen noch so viele Tausende dazu um
so weniger gelten zu lassen, je mehr man sich darauf beruft.
Und warum dies? Gerade darum, weil sie alle zusammen
auch nicht die mindeste Beweiskraft haben. Wenn zehnmal
nach einander bei einer Mondesstellung ein auf das Feld ge=
brachter Düngerhaufe die Vegetation unter sich tödtet, und
zehnmal bei der entgegengesetzten Mondesstellung nicht tödtet,
so folgt daraus noch ganz und gar nicht, der Einfluß der Mon=
desstellung habe dies bewirkt, so lange andere Ursachen dafür
angegeben werden können. Die Tödtung der Grasnarbe durch
den Dünger erfolgt nämlich, sobald er von frischer oder nicht
hinlänglich gegorener Jauche trieft, weil der frische Urin über=
haupt für die Pflanzen giftig wirkt, oder wenn der Boden

durch die eindringende Jauche übersättiget wird, weil die Pflanzen durch ein Uebermaß von Nahrungsstoffen ersäuft werden, oder sobald durch einen vollständigen Abschluß der athmosphärischen Luft die Pflanzen ersticken müssen. Es kann nun die Beschaffenheit des Bodens eine sehr verschiedene sein, nämlich mehr oder minder durchlassend, mehr oder minder gefroren oder geneigt, sowie die Beschaffenheit des Mistes, mehr oder minder feucht, mehr oder minder verrottet, endlich kann er auch minder innig und fest auf den Boden gebracht werden z. B. bei beschneitem, oder schneefreien Boden. Alle diese Umstände wirken anders und einzeln können sie hin= reichen, die Vegetation zu tödten, oder am Leben zu lassen. Ich frage nun, was hat da der Mond damit zu schaffen? So lange nicht bewiesen ist, daß die Tödtung durch keinen der angeführten Gründe bewirkt worden ist, hat man kein Recht, sie dem Monde zur Last zu legen, auch wenn man es hundert= mal gesehen hätte. Um darauf zu kommen, müßte man mit allem Fleiße paralelle Versuche in genügender Anzahl an= stellen und zwar unter ganz gleichen Umständen; erst wenn dort eine Verschiedenheit der Wirkungen je nach der Ver= schiedenheit der Stellungen und Phasen des Mondes sichtbar würde, könnte man an ihrem Einfluß zu glauben anfangen.

Um aus Volksmeinungen auf eine sichere Wahrheit hinaus zu gelangen, ist vor Allem nothwendig, ihnen den unbarm= herzigen Zweifel entgegen zu stellen, der sich auf keine Weise zufrieden gibt, bis er durch eine neue Untersuchung der Sache vollends beruhigt worden ist. Hiemit will ich nun gerade nicht gesagt haben, daß der Mond keinen Einfluß auf die Vegetation haben könne, vielmehr ich halte einen solchen Ein= fluß für sehr wahrscheinlich, weil einmal Licht und Gravitation vorhanden sind. Aber wir wissen nicht, worin eigentlich die=

fer Einfluß beſtehe, und wie groß er ſei, weil wir dieſes noch nicht durch gründliche Unterſuchungen ſtudirt haben. Die Sagen der Bauern und ihre Beobachtungen können aber nicht für ſolche Unterſuchungen gelten, weil ihnen in der Regel jede Exaltheit gänzlich abgeſprochen werden muß. Dies muß um ſo mehr behauptet werden, weil ſich dieſe Bauernmeinungen in Betreff des Mondes oft geradezu widerſprechen. Z. B. Im Oetzthal ſieht kein Menſch auf den Mond, wenn er den Dünger aufs Feld thut, man weiß aber auch davon kaum etwas, daß die Vegetation getödtet wird. Ich habe mich bei dieſer Thorheit eigentlich länger aufgehalten, als billig war; indeſſen will ich doch noch zum Schluſſe bemerken, daß ein unbegründeter Volksglaube gar manchmal von nicht ganz unwichtigem Einfluß auf die Wirthſchaft ſein kann. Wer nicht an einen Einfluß des Mondes glaubt, von dem eben die Rede war, der wird im Winter ſeinen Dünger ausführen, ſobald Zeit, Weg und die Wirthſchaftsordnung dafür am günſtigſten ſind, und ich bin überzeugt, kein Halm wird ihm getödtet, ſobald er vorſichtig genug iſt. Ein anderer, der von der guten oder böſen Einwirkung des Mondes feſt überzeugt iſt, wird die günſtigſte Zeit vorübergehen laſſen, und mehr Koſten, Arbeit und Umſtände bei Gelegenheit ſeiner Düngung aufwenden, als eben nöthig wäre.

Ich komme nach Landeck und muß daſelbſt ſchon etwas länger verweilen, weil ich drei wichtige Dinge zur Sprache zu bringen habe. In Landeck handelte es ſich um die Errichtung eines landw. Vereines, und bei dieſer Gelegenheit erſchienen Zeitungsartikel, die mir ſo ungereimt erſcheinen, daß ich ſie jetzt noch im allgemeinen Intereſſe beſprechen muß. So viel ich noch davon im Gedächtniß habe, gipfelte der Sinn beſagter Zeitungsartikel darin: Wir brauchen im landwirth=

schaftlichen Verein keine Herren, und zwar erstens, weil sie von der Landwirthschaft nichts verstehen, und zweitens, weil sie etwa darin Politik treiben könnten. Ich bemerke hiezu, daß noch gar kein Verein, weder ein landwirthschaftlicher noch ein anderer in Tirol bis zur Stunde ohne Anregung und Einfluß von studirten Herren geistlichen oder weltlichen Standes gegründet worden ist. Es ist dieß die Folge unserer politischen Erziehung aus früheren Zeiten, wornach das stets bevormundete Volk weder von einer Theilnahme an öffentlichen Angelegenheiten und noch viel weniger von einem Vereinsleben etwas wußte oder wissen durfte. Deßhalb geht unserem Volk die bekannte Rührigkeit der Schweizer in dieser Hinsicht ganz ab; wir müssen erst nach und nach uns hineinleben und dazu erziehen. Als ein Beweis für diesen Satz dient mir eben die Thatsache, daß ohne Thätigkeit und Einfluß von Seite studirter Herren in Tirol, so lange wir denken, gar kein Verein entstanden ist, weder ein landwirthschaftlicher noch ein anderer. Weil man aber bei uns das Vereinsleben eigentlich gar nicht kennt, deßwegen haben auch unsere bereits bestehenden Vereine ein gar dünnes Leben und entfalten eine nur geringe Thätigkeit und praktische Wirksamkeit. Daher erklärt sich wieder die Thatsache, daß alle unsere Vereine, die nicht unter einer kräftigen und intelligenten Leitung stehen — mittelbar oder unmittelbar studirten Herren — so lahm sind, als wären sie gar nicht vorhanden. Ich wage den Satz auszusprechen, und fürchte dabei keine Widerlegung, daß im ganzen Lande, sowie kein einziger Landwirthschaftsverein ohne die Initiative von studirten Herren geistlichen oder weltlichen Standes entstanden ist, ebenso auch ohne solche Herren keiner der bestehenden Vereine lebt und etwas praktisches wirkt. Kein Verein ohne Herren!

Für landwirthschaftliche Vereine unter Bauern sind fer=
ner aus einem anderen Grunde Herren, d. i., Leute, welche
wenigstens die Anfangsgründe der Naturwissenschaften studirt
haben, ganz und gar unentbehrlich. Es ist nämlich die Land=
wirthschaft nicht mehr eine bloße Empirie, wie vor 20—30
Jahren, sondern eine Wissenschaft, in deren Dienste sämmtliche
Naturwissenschaften, wie Chemie, Physik, Naturgeschichte u. s. w.
stehen. Das Eingreifen dieser Wissenschaften in die Land=
wirthschaft hat dieselbe aus dem Bauernstande bewußtloser
und blinder Versuche und einer sehr unklaren Erfahrung, in
in den Adelsstand einer sich klar bewußten und selbstbeherr=
schenden Wissenschaft erhoben, und die Folge war eine Stei=
gerung der bislang erreichbaren Felderträge auf das Dop=
pelte und Dreifache mit gleichzeitiger Ersparung von Arbeit.
Die Landwirthschaft fing ihre Riesenfortschritte in der neueren
Zeit nicht auf dem Felde der Bauern, sondern in
den Laboratorien und Stubirstuben der Gelehrten
an — ging also von Herren aus — und das Wesen der
landwirthschaftlichen Intelligenz beruht wesentlich auf der
Naturforschung. Die Landwirthschaft schreitet durch=
aus nicht durch den Bauer vor, sondern vermittelst
seiner Arbeit unter der Leitung des fortwährend
studirenden Gelehrten. Damit ist nicht gesagt, daß
nicht auch ein Bauer seine ausgezeichneten Beobachtungen
machen, und auf seinem Felde mit allem nur möglichen Vor=
theile verwerthen könne, aber er wird sie nie in die Weite
zum Wohle seiner ferneren Mitbürger ausdehnen, sondern
wie oft eine Erfindung in der alten Zeit für sich behalten
müssen, wo sie wieder verloren geht. Und es fehlt bei uns
wirklich nicht an Beispielen daran; denn würde man bei uns
überall thun, was die Besten leisten, dann wären wir ganz

4

auf der Höhe des Fortschrittes z. B. der Flachsbau im Oetz=
thal; die Viehmast im Pusterthal, die Viehzüchtung in Mon=
tafon oder Ulten, die Milchwirthschaft im Bregenzer Wald,
die Düngerwirthschaft in Tannheim u. f. w. u. f. w. Was
bisher ganze Gegenden mit Vortheil rationell betrieben ha=
ben, das war auch eine lange Zeit nicht im Stande, in die
Tausende von Dickschädeln benachbarter Gegenden hineinzu=
bringen. Man denke nur z. B. an das abscheulich schmutzige
Vieh an vielen Orten des Oberinnthaler=Gebietes, an die
lüderliche Milchwirthschaft, an die gräßlichen Misthäufen, an
die gottvergessene Alpen= und Forstwirthschaft u. f. w.

Es ist einmal eine ganz unbestreitbare Thatsache, daß
der Fortschritt in der Landwirthschaft, sowie die Verbreitung
der Segnungen dieses Fortschrittes in der Hand der Wissen=
schaft liegt — somit in einer Herrenhand. Es gibt keinen
Fortschritt ohne Schriftstellerei, die uns eben mit den Erobe=
rungen der näheren Nachbarschaft im Lande, als mit den ent=
fernteren des Auslandes bekannt machen muß. Aber diese
Schriftstellerei — wesentlich bedingt durch den Gang der
Wissenschaften selbst — kann unmöglich anders, mag sie sich
befleißen, soviel als möglich populär zu sein, als sich der
Technik im Ausdruck zu bedienen, welche der Gegenstand selbst
mit sich bringt. Es ist rein unmöglich, so populär zu schrei=
ben, daß jeder Bauer alles verstehen könnte, was man für
die Landwirthschaft erfindet und schreibt, der nicht mehr ge=
sehen und gelernt hat, als bisher bei uns Brauch und Recht
war. Es sind daher Vermittlungsorgane zwischen dem Bauer
und der landwirthschaftlichen Wissenschaft und Schriftstellerei
unbedingt nothwendig, um dem Volke wenigstens unbekannte
Ausdrücke und Begriffe zu erklären. Wollte man also im
Oberland keinen Herren in einem landwirthschaftlichen Vereine

dulden, so wäre dieses wirklich einmal das erste Beispiel einer
derben Intoleranz gegen längere Röcke, es wäre ferner eine
systematische Ausschließung jeder höheren Intelligenz als die
der Bauernstand selbst mit sich bringt, somit die hermetische
Ausschließung der Wissenschaft; es wäre nämlich eine Töbtung
jedes Vereinslebens in Tirol, weil, wie die Sachen stehen,
gar kein Verein ohne studirte Herrn bei uns möglich ist.
Die systematische Ausschließung der Herren aus den land=
wirthschaftlichen Vereinen forbert auch die Ausschließung der
Geistlichen aus denselben, weil auch von ihnen zum größten
Theile gesagt werden muß, daß sie so wenig landwirthschaft=
liche Erfahrungen und Kenntnisse haben, als wie die Beamten.
Die Geistlichkeit aus den landwirthschaftlichen Vereinen aus=
zuschließen, lag aber offenbar nicht im Sinne des Artikel=
schreibers und es wäre wirklich ungereimt, da sie sich sehr
warm und mitunter erfolgreich um die Landwirthschaft an=
nimmt. Endlich muß ich noch bemerken, daß in jenen Ver=
einen für Landwirthschaft, wo jährliche Beiträge geleistet
werden, die Ausschließung jeglicher Herren einer Zurückweisung
von Gelbbeiträgen gleichkommt, die man doch ganz gewiß zu brau=
chen in der Lage wäre. Das zweite Bedenken gegen den Ein=
tritt von Herren in den landwirthschaftlichen Verein bestand
darin, daß man befürchtete, dieselben möchten etwa dabei Po=
litik zu treiben die Absicht haben. Ich habe nun Ursache zu
glauben, daß dieses Bedenken grundlos ist, weil jene Herren,
auf welche die erwähnten Zeitungsartikel gemünzt zu sein
schienen, wenigstens mir gegenüber mit aller Entschiedenheit
den Grundsatz ausgesprochen hatten, in den landwirthschaftli=
chen Vereinen dürfe man lediglich nur Landwirthschaft allein
treiben, und müsse jedwede Politik direkt wie indirekt aus=
schließen. Dieß ist aber auch so vernünftig und nothwendig,
4*

daß wir uns nur unter dieser Bedingung ein Zusammenwirken aller tüchtigen Kräfte für die Landwirthschaft in unserem Vaterlande denken können. Denn wie die Sachen einmal stehen, ist es völlig nicht denkbar, daß sich die Anhänger der verschiedenen politischen Meinungen und Parteien alsobald vereinigen werden, sei es, daß die einen von den andern bekehrt oder unterjocht werden. Wenn nun eine Harmonie der politischen Ansichten vor der Hand vollends zu den Unmöglichkeiten gehört, muß man dann den politischen Haber auf alle Gebiete übertragen — also auch auf solche, die wesentlich mit der Politik gar nicht das mindeste zu thun haben, und doch alle interessiren müssen, wie die Landwirthschaft. Die Landwirthschaft ist eine allgemeine Landesangelegenheit, und zwar die allerbeste und wichtigste unter den materiellen Landesangelegenheiten, und sie ist zugleich ein vollständig und wesentlich neutrales Gebiet, somit können und sollen alle Parteien daran Theil nehmen, und müssen dabei jede politische Zwistigkeit bei Seite lassen. Oder soll man etwa konservative Landwirthschaftsvereine gründen und liberale neben einander, und so noch jeden Vorrath von den wenigen Kräften, die wir aufzuweisen haben vollends zersplittern?

Die Anhänger beider Parteien sind Mitmenschen, sind Mitbürger und Nachbarn, sind sich also alle Achtung und Liebe oder besser gesagt alle Bürger- und Christenpflichten einander schuldig und bleiben sie schuldig so lange sie leben. Und gerade die gewissenhafte Erfüllung dieser Pflichten bietet einen der Wege dar, sich wieder einander zu einem ruhigen Leben zu nähern, wie wir es früher genossen haben. Endlich will ich bemerken, steht es ja denjenigen, welche sich in einen Verein zusammenthun wollen, frei, ihre Vorstände und Ausschüsse selbst zu wählen, also solche sich auszulesen,

welche im Verein keine Politik treiben und die Neutralität
nicht verletzen werden; es steht ihnen ja frei, in die Statuten
das Gesetz aufzunehmen, daß im Bereiche der Vereinsbespre=
chungen nicht politifirt werden dürfe, weder direkt noch in=
direkt, und daß jeder ausgeschlossen werde, der dieses Gesetz
überschreitet, oder den Verein zu Parteizwecken auszubeuten
sich vermessen sollte. Ein solches Gesetz sollte in gar keinem
landwirthschaftlichen Vereine fehlen. Es ist auch nicht ange=
zeigt, solche Individuen in den Verein aufzunehmen, die eine
schlechte Landwirthschaft treiben und durch fortgesetzte Schnitzer
ihr Hauswesen sowie ihre Güter herabbringen. Noch weniger
aber ist es angezeigt, solche Menschen in den Verein aufzu=
nehmen die als Polterer, Raisonirer bekannt sind, welche allein
reden und immer und überall ganz allein recht haben. Sowie
diese die Störenfriede jeder Privatgesellschaft sind, ebenso wer=
den sie auch die Störer des Vereines und seiner Versamm=
lungen werden, mögen sie was immer für einer Partei oder
einem Stande angehören. Denn weder Partei noch Stand
schützt vor Thorheit. Wer die Uneinigkeit und den Partei=
haß systematisch auf jedes Feld des Landes versetzt wissen will,
der versuche es denn, aber er soll es auch verantworten.

In Landeck trug ich auch etwas vor über die Fort=
bildungsschulen, weil ich wußte, daß Herr Lehrer Moll einer
von denjenigen war, welche im letzten Herbst in Wien an dem
Lehrerunterrichte theilgenommen hatten. Dieser Lehrerunter=
richt hatte eben zum Zwecke, Lehrer für die Fortbildungs=
schulen heranzuziehen. Voraus muß ich die Bemerkung schicken,
daß die erwähnte Verfügung des Ackerbauministers in unserem
Lande gar manchen Feind und falschen Ausleger gefunden
hat, der wohl die Faust im Sack machte, wenn er gerade
nicht wohl öffentlich seinem Unwillen Luft machen konnte.

Jedoch unter jenen Schullehrern, welche wirklich an dem er=
wähnten Unterrichte in Wien theilgenommen haben, waren
diese Feinde nicht, sondern Alle, mit denen ich sprechen konnte,
waren voll Lobes nicht blos über die wohlthätige Absicht des
Ackerbauministers, sondern über die Kenntnisse und Hingabe
der Professoren, über deren Bereitwilligkeit, alles zu zeigen
und über den Schatz von Lehrmitteln, der zu Gebote stand.
Man bedauerte nur, daß der Unterricht zu kurz und für diese
Kürze der Zeit viel zu gedrängt war; denn es wurde mehr
geboten, als in den Köpfen eben auf einmal untergebracht
werden konnte. Endlich gestanden Alle, daß sie einsehen ge=
lernt haben, wie weit man bei uns noch fast in jedem Zweige
der Landwirthschaft zurück sei, und wie bisher so völlig gar
nichts für einen landwirthschaftlichen Unterricht geschehen sei.

Mein Vortrag über Fortbildungsschulen fiel in Landeck
auf keinen unfruchtbaren Boden, denn diese Idee leuchtete so
ein, daß sogleich am folgenden Tage der Gemeinde=Ausschuß
die nöthigen Mittel bewilligte, um den Anfang dazu zu ma=
chen. Ich versuchte noch an einigen Orten, wo es mir passend
schien, die Errichtung einer Fortbildungsschule zu empfehlen,
war aber nicht so glücklich, sogleich zu einem Resultate zu
gelangen, außer in Bozen, wo der junge landwirthschaftliche
Verein es ebenfalls unter seine Vorsätze aufgenommen hat,
baldmöglichst eine Fortbildungsschule zu errichten, und die
in Wien hiezu vorgebildeten Lehrer in Anspruch zu nehmen.
Uebrigens sah ich, daß die Idee der Fortbildungsschulen auch
nnter unserem Volke ganz gut anspricht, ungeachtet manche
darüber bedenklich den Kopf schütteln. Herr Pfarrer Haid
zu Ischgl in Paznaun erzählte mir, daß er eine Fortbildungs=
schule schon vor ein paar Jahren versucht, und gesehen habe,
wie schon erwachsene Jünglinge mit größtem Eifer sich daran be=

theiligten. Leider mußte diese Schule aus Gesundheitsrücksich=
ten für den Lehrer wieder aufgelassen werden. Die Zeichnungs=
schule in Tannheim, von der ich schon erzählt habe, beruht
eigentlich auf einem ähnlichen Gedanken. Allenthalben wer=
den sich zwar bei uns die Fortbildungsschulen nicht einführen
und die etwa errichteten nicht für alle gleich zugänglich ge=
macht werden können wegen der großen Zerstreutheit vieler
Gebirgsgemeinden; aber etwas kann immerhin geschehen und
es ist die höchste Zeit, daß etwas geschieht. Denn wenn es
schon richtig ist, daß unsere Volksschule nicht blos sehr fleißig
besucht wird, wie kaum anderswo in der Monarchie, und daß
diese Schulen hinter ähnlichen Schulen in der Schweiz und
dem südlichen Deutschland wohl nicht im mindesten zurückstehen,
so steht doch das erwachsene Volk hinter seinen westlichen und
nördlichen Nachbarn in der Bildung weit zurück, und dies
wohl darum, weil bei uns das, was man anderswo Bürger=
und Pfarrschulen nennt, gar zu dünn gesäet ist, und weil mit
dem Austritt aus der Volksschule das Vergessen des Gelernten
anfängt und jede weitere Fortbildung aufhört. Denn es ist
zwar allerdings gut, daß noch eine Feiertagsschule gehalten
wird, indessen ist dieselbe durchaus keine Fortbildungsschule
zu nennen, weil man die allgemeine Beobachtung nicht läug=
nen kann, daß die nach der Vollendung der Werktagschule in
die Feiertagschule eintretenden Jünglinge die besten, die aus
derselben austretenden aber die schlechtesten Feiertagschüler sind.
In der Feiertagschule nimmt man also keine Fortbildung son=
dern ein Vergessen des Gelernten wahr. Aber auch außer der
Feiertagschule wird privatim nichts mehr zur eigenen Aus=
bildung gethan. Die allermeisten Leute bringen außer dem
Kalender und einem Gebetbuche keine andere Lektüre mehr in
die Hände, sobald sie die Schule verlassen haben, während

z. B. in der Schweiz faſt in jedem Hauſe eine Zeitung auf=
liegt, oder landw. Caſino wie in Würtemberg, und Pfarr=
bibliotheken exiſtiren. Auch nimmt wohl anderswo der regere
Verkehr die jungen Leute ſchneller und energiſcher in die Schule
des Lebens.

Es läßt ſich einmal bei uns, und ganz namentlich auch
im Oberinnthal das offene Bekenntniß nicht mehr umgehen,
ſondern es muß offen abgelegt werden, daß wir nicht ſo weit
vor ſind, als wir ſein könnten und ſollten, ſondern daß wir
gegen unſere Nachbarn in der Schweiz und Süddeutſchland
zurück ſind. Dies will ſagen, das Landvolk iſt zurück an
Intelligenz und beßwegen auch zurück in der Landwirthſchaft;
aber gerade dieſes iſt die Urſache, daß es auch ärmer iſt, als
es vermöge ſeiner Kopfzahl und der Fläche ſeines Bodens
ſein müßte. An Arbeitſamkeit fehlt es etwa dem Volke durch=
aus nicht, und ebenſowenig an der Benützung einer jeden
möglichen Bodenfläche; allein an Intelligenz fehlt es ihm.
Ja will man aufrichtig ſein, und nicht abſichtlich ſchön färben,
was an und für ſich mißfarb iſt, ſo muß man ſagen: Die
Schuld von einem großen Theile der Armuth im
Landeundüberhaupt, beſondersimOberinnthal,
liegt im Mangel von Intelligenz.

Ich glaube, der Leſer dieſes Berichtes dürfte aus dem
bisher Geſagten ſich ſchon ſattſam die Belege für den eben
ausgeſprochenen Satz nehmen können; allein ich werde ihn
noch ausdrücklich beweiſen müſſen und glaube dies ſchon beß=
wegen thun zu ſollen, weil ich irgendwo maßgebende Köpfe
bei Nennung der Fortbildungsſchulen bedenklich ſchütteln ſah.
In der Sitzung eines landw. Komités wurde einmal von
einem gewiſſen Jemand ein gar berühmter Satz ausgeſprochen,
deſſen man ſich wahrhaft ſchämen muß: „Geht hinauf in's

Oberland und schauet nach, ob nicht jeder mögliche Platz schon benützt ist; wir brauchen gar nichts anderes, als mehr Dünger." Wir wollen uns also einige Thatsachen ansehen, ob dem auch wirklich so sei.

Ich habe es schon zu wiederholten Malen gesagt und nachgewiesen, was wohl eigentlich nicht mehr nachgewiesen zu werden braucht, daß unsere Düngerwirthschaft im Lande, namentlich im Oberinnthal so grundschlecht ist, daß der jähr- lich daraus erwachsende Schaden auf das ganze Land berechnet, gegen eine Million hinanwächst; ja er beläuft sich wahr- scheinlich noch höher. Die Alpwirthschaft ist häufig eine so schlechte, z. B. im Bezirke von Landeck, daß sie schlimmer kaum mehr sein könnte; ich komme noch später darauf zu sprechen. Nehmen wir nun an, es werden in den Bezirken von Imst und Landeck etwa von 9500 Kühen 6000 auf die Alpen getrieben, und ebenso viele Kälber von etwa 9000; dies macht im Ganzen 12,000 Stücke. Ob nun die Sömme- rung eine gute oder schlechte ist, dieser Unterschied dürfte wohl nach einem sehr geringen Anschlage per Stück etwa unter 5 fl. nicht angenommen werden können, wenn man bedenkt, daß man in den Alpen des Algäus für eine Kuh bis zu 23 fl. Grasgeld zahlt. Nun macht aber dieser so geringe Anschlag jährlich schon über 60,000 fl. in zwei sehr armen Bezirken aus. Daß die Milchwirthschaft eine sehr schlechte ist, habe ich bereits angedeutet, und werde gewiß wieder mit meiner Schätzung unter der Wirklichkeit bleiben, wenn ich den Schaden bei der schlechten Fütterung mit eingerechnet — einen Ausfall von 10 fl. pr. Stück ansetze. Dies aber thut für die 9518 Kühe der Bezirke Landeck und Imst nicht we- niger als jährliche 95,180 fl. Nur mit wenigen Ausnahmen ist die Stierhaltung eine solche, daß man überall darüber

klagen hört. Man weiß ganz gut, daß man durch die Verbesserung der Stierhaltung ungeheure Summen gewinnen
würde, aber bemungeachtet nimmt man die Verbesserung
nicht vor.

Es gab ein rothes Viehsalz, welches ganz unschädlich,
und sehr wohl zu brauchen war. Daß es unschädlich war,
beweist die jährliche Verwendung von 31,000 Zentnern, an
der sich gerade die reichsten und gescheidtesten Landwirthe betheiligten, wie z. B. Herr Wötzer in Zöblen, der in seiner
oben beschriebenen Wirthschaft kein Loth anderen Salzes verwendete. Den Gegnern des Viehsalzes muß ich immer die
jährlich verbrauchten 31,000 Zentner vorhalten und bemerken,
wenn man vermittelst 31,000 Zentnern kein Vieh zu vergiften
im Stande war, dann kann es unmöglich sehr giftig gewesen
sein. Und sieh! anstatt, daß man etwa 140,000 Zentner
Viehsalz verwendet hätte, verwendete man blos 31,000 Ztr.
und etwa 120,000 Ztr. Kochsalz für die Hausthiere, und be-
zahlte also ohne Noth und Zwang eine Steuer, welche jährlich auf gegen 300,000 fl. hinanstieg. Ich zweifle nicht im Ge-
ringsten daran, daß bei der Feststellung des neuen Salzgesetzes
im letzten Jahre es so schwer in die Wagschale gefallen wäre,
wenn man das Viehsalz vollständig nach dem ganzen Landes-
bedarfe statt dem theuren Kochsalz verwendet hätte, daß unser Land eine Ausnahme hätte erhalten müssen, denn man
würde ihm wohl kaum wider Willen eine jährliche Steuer
von 300,000 fl. auferlegt haben. So aber zahlte gerade
das arme und nicht das reiche Bauernvolk diese Steuer freiwillig durch die Enthaltsamkeit vom Viehsalze, und das neue
Salzgesetz blieb auf das ganze Land ohne Einfluß. Nur
einzelne Private wurden davon getroffen. Es brach die
Traubenkrankheit herein, und drohte den Wohlstand der reich-

sten Gegenden vollends zu vernichten. Bald wurde das Schwefeln mit dem glänzendsten Erfolg in Anwendung gebracht und mündlich wie schriftlich mit aller möglichen Beredsamkeit und Beweiskraft empfohlen, aber es dauerte 15 volle Jahre, bis es beim Volke durchgriff, ungeachtet dasselbe jährlich die furchtbarsten Verluste erlitt. Heißt dieß etwa Intelligenz?

Durch die Einführung des Guano wurden in Sachsen, England u. s. w. die Ernten verdoppelt und verdreifacht und der Wohlstand der Bezirke, wo eine rationelle Düngerwirthschaft gleichzeitig mit in Anwendung gebracht wurde, dauernd erhöht. Auch bei uns sprach man damals vom Guano, wo er noch sehr billig zu beziehen war, aber bezogen hat man keinen, und man darf noch dem Volke von keinem Kunstdünger etwas sagen. Doch genug jetzt mit solchen mehr als traurigen Beispielen, deren wir uns bis in das Innerste der Seele hinein schämen sollten. Sie sind nebst noch einem Dutzend anderer, die ich anführen könnte, leider ein furchtbar schlagender Beweis des Mangels an Intelligenz, den Niemand zu widerlegen versuchen kann. Daher kann ich nicht umhin, ohne Unterlaß den Mahnruf der Noth zu wiederholen: Gebet dem armen Landvolke Unterricht, Unterricht und noch einmal Unterricht! Der Arm des Volkes muß den Acker bauen, er kann aber nicht studiren; hingegen ist es die Arbeit der Herren, zu studiren und zu unterrichten. Versäumen Organe des Volkes diese Pflicht, dann sind sie eben Verräther an der obersten aller materiellen Landesangelegenheiten. Ei, wie wäre es, wenn sich die Männer, welche für den landwirthschaftlichen Volksunterricht gar nichts thun wollen, einmal mit einer Kommission sachkundiger Männer des In= und Auslandes durch das Land bemühen wollten, um seine Gebrechen anzuschauen, und

wenn sie sich dann auch noch die Mühe geben wollten, ihre
Blicke über die Berge hinaus zu thätigeren und intelligenteren
Nachbarn streifen zu lassen, um da zu sehen, was geschah
und was geschieht und mit welchen Erfolgen. So sehet doch
einmal praktisch auf das Feld und nicht theoretisch in die Luft;
greift hinein mit eueren Händen in die Wirklichkeit, und helfet
den Bauern hungern, wenn ihr sie nicht unterrichten wollet.
Oder glaubt man etwa, unser Volk wolle von einem Unter=
richt nichts wissen? Dieser Behauptung muß ich auf das aller=
entschiedenste widersprechen. Denn so weit ich kam, fanden
sich mit wenigen Ausnahmen überall mehr oder minder zahl=
reiche Versammlungen ein, und darunter stets die Mehrzahl
von Männern, welche den Nutzen eines landwirthschaftlichen
Volksunterrichtes nicht blos einsahen und anerkannten, sondern
sogar seine bringende Nothwendigkeit auf das entschiedenste
betonten. Waren doch überall Viele zugegen, die in anderen
Gegenden des Landes oder im Auslande etwas Vernünftigeres
gesehen hatten, als in der eigenen Heimat der Brauch ist.

Bevor ich Landeck verlasse, will ich noch erzählen, daß
sich dort ein Paar Männer mit großem Fleiß und vielen
Kosten der Bienenzucht zugewendet haben, aber alles war
umsonst, auch Dzierzon's Methode; denn die Gegend ist ein=
mal für diesen landwirthschaftlichen Zweig nicht geeignet. Es
wäre gut, wenn diese Thatsache in das Protokoll des in Landeck
in Bildung begriffenen Vereines eingetragen würde. Man
hat an vielen Orten schon so manches probirt, und der Er=
folg davon war schlecht oder recht. Das Rechte hat sich bis=
weilen Bahn gebrochen und zu einer allgemeinen Praxis er=
weitert; das Schlechte natürlich nicht und wurde vergessen.
Man sollte die Mißerfolge von Versuchen jedoch nicht vergessen;
denn sonst werden sie von Zeit zu Zeit und ganz natürlich

mit denselben schlechten Resultaten wieder erneuert, und da=
durch wird Zeit, Geld und Arbeit umsonst zersplittert. Man
lasse sich also nicht reuen, auch schlechte Erfolge in den Vereins=
protokollen zu notiren.

Von Landeck aus besuchte ich auch die Dörfer Stanz und
Grins. In Stanz besuchte ich die alte Schloßruine von
Schrofenstein, und bewunderte die Festigkeit des Mörtels, der
wie Cement wahrhaft zu Stein im Laufe der Zeit erhärtet
wird. Im Laufe der Zeit wird zwar ohnehin, wie allgemein
bekannt ist, jeder Mörtel durch Aufnahme von Kohlensäure
natürlich fester, indessen finden wir doch in gar manchen alten
Bauten einen Mörtel, der schon von Haus aus fester war.
Und das Geheimniß scheint darin bestanden zu haben, daß
man den frisch gebrannten Kalk unmittelbar bei Bereitung
des Mörtels erst löschte, bei einem nur sehr mäßigen Zusatz
von Sand noch warm vermauerte und fest andrückte oder so=
gar fest anklopfte, wenn der Verwurf Sprünge machte. Ich
führe dies deswegen an, weil ich in Zöblen einen Mörtel
nach dieser Bereitung sah, der vor Ablauf eines Jahres die
ungewöhnliche Härte der alten Schloßbauten angenommen hatte.
So wäre es denn möglich, an gar manchem Orte wasserdichte
Jauchengruben mit gewöhnlichem Kalke herzustellen, wo der
Cement in Folge hoher Frachtspesen zu theuer zu stehen käme.

Ich begab mich in's Patznaun und bewunderte gelegent=
lich am Wege den herrlichen Wuchs aufstrebender Jungwal=
dungen und die wahrhaft gigantischen Jahrestriebe. Auch
manche Gegend des Lechthales hat so herrliche Stämme auf=
zuweisen, wie man sie anderswo kaum noch an alten Bauten
vorfindet. Ich hielt in See, Kappl und Ischgl Vorträge. Sehr
auffallend war mir in Kappl, — also in Patznaun, wo einer
der berühmtesten Viehschläge zu Hause ist — auf mein Be=

fragen, wie es mit der Anstellung und Haltung der Zucht=
stiere beschaffen sei, auch die Klage zu hören, daß es damit
nicht eben ganz in Ordnung sei. Diese Klage hörte ich
an den meisten Orten aussprechen, und ich kann nur von we=
nigen Ortschaften sagen, daß sie nicht vorkommt. Es ist dies
ein Mißstand, den alle Bauern gründlich einsehen und leb=
haft bedauern, aber es ist zugleich ein recht auffallendes Bei=
spiel, wie schwer man sich von alten Bräuchen, besonders wenn
sie mit Rechten, Leistungen und Geldbeiträgen verbunden sind,
losmachen, und eine neue zweckmäßige Ordnung einführen
kann. Es sind nämlich die Stierordnungen in den Gemeinden
meistens sehr alt und nicht immer derart eingerichtet, daß sie
Garantien für Anstellung und Haltung der besten Zuchtthiere
zu geben vermöchten z. B. wenn die Stierhaltung als eine
Gemeindelast jährlich von Haus zu Haus wechselt, oder wenn
das Sprunggeld zu niedrig und überhaupt die Entlohnung zu
gering ist. Der Stierhalter muß von seinem Stier wenigstens
den Nutzen einer guten Kuh haben nicht aber Schaden. Nur
zu häufig geschieht es, daß man die Stiere zu jung anstellt,
zu stark übertreibt, und zu früh wieder weggibt. Vorzüg=
liche Stiere sollen der vorzüglichen Zucht wegen
so lange gehalten werden, als sie sich als tüchtig
bewähren. Ich kann es auch konstatiren, daß die vorjährige
Verfügung des Ackerbauministers, Geldbeiträge für gute Zucht=
stiere anzuweisen, sammt den begleitenden Bedingungen die
freudigste Billigung im ganzen Lande gefunden hat. Die
Anstellung guter Zuchtstiere und die Haltung von Sprung=
registern ist wirklich eine wesentlich nothwendige Verbesserung
in unserem, der ausgezeichnetsten Viehzucht vielfältig sehr gün=
stigen Lande. Die Viehzucht ist wirklich ein großer National=
reichthum des Landes.

In Kappl wurde ich auch auf ein recht zweckmäßiges Mittel, die Fliegen aus den Ställen zu entfernen, aufmerksam gemacht. Es besteht dieses eigentlich in einem Fliegen=Kamin, der gleichzeitig zur Lüftung des Stalles dient. Wenn die Sonne darauf scheint, wird er geöffnet, während der ganze Stall sonst verfinstert wird. Die Fliegen ziehen — allenfalls durch Aufjagen und Treiben noch dazu gemahnt — dem Licht zu und werden durch den Luftzug noch leichter durch den Kamin hinaufbefördert. So gelangen sie aus dem Stalle, aber nicht mehr hinein. Dieselbe Vorrichtung läßt sich auch bei irgend einem Fenster anbringen. Mir scheint dieses ein= fache Verfahren sehr empfehlenswerth. Es ist wahrhaft erbärm= lich, was in manchen Ställen das Vieh von den zahllosen Fliegen zu leiden hat. Aber noch mehr muß es vom Schmutze leiden; denn es gibt gar viele Ortschaften, wo das Vieh über und über mit Koth beschlagen ist. Ich schlage vor, solches Vieh mit einer Luxussteuer von 2 fl. per Stück halbjährig zu be= legen, denn diese bewirkt sicher dessen Reinigung und einen sofortigen Mehrgewinn für den Besitzer. Von Patznaun begab ich mich in das Stanzerthal und besuchte die Gemeinden St. Anton, St. Jakob, Petneu, Schnann und Flirsch, wo ich überall irgend etwas von einem Vortrag hielt. Von Petneu muß ich eine ganz interessante Sache erzählen, weil sie dar= thut, wie schwer man in Folge alter Gewohnheit, die ohne Rechnung, Buchhaltung und Anstrengung des Denkvermögens so nach Alltagssitte festgehalten wird, zu einer sonst an und für sich evidenten und längst schon sogar in der Nachbarschaft praktisch erprobten Verbesserung überzugehen fähig ist.

Jemand hatte als der erste in der Gemeinde eine Jauchen= grube gemacht und angefangen, mit Jauche zu düngen. Nun nahm er von der Gemeinde das Schulfeld auf fünf Jahre

in Pacht und fing völlig arglos an, dasselbe mit Jauche zu
düngen. Aber da gab es einen Lärm in der Gemeinde:
dies dürfe man in keinem Falle dulden, daß so ein Pächter
sich unterstehe, mit einer so nichtswürdigen Wirthschaft ein
Gemeinfeld zu Grunde zu richten; entweder müsse der Pächter
bürgen und wirthschaften wie es bisher Brauch und Recht
gewesen, oder man müsse den Pachtvertrag umstoßen und ihm
das Feld nehmen und zwar von Rechtswegen zum Nutzen
der Gemeinde. Der Pächter jedoch war kein Hasenfuß, zeigte
den Schreiern den Weg nach Landeck zum Gericht, wenn sie
mit Gewalt nach Belieben sich in sein Gebahren mischen wollten und erklärte, für die nächsten 5 Jahre gehöre das ge-
pachtete Feld ihm und er werde es nur mit Jauche, aber
mit keinem Loth Mist düngen. Mit diesem Manne war einmal sogar von Seite der Schreier nichts zu machen, er hielt
Wort, düngte mit Jauche, nahm mehr Heu vom Felde, als
es früher geschehen konnte und stellte es in einem weit besseren Zustande der Gemeinde zurück, als er es empfangen hatte.
Nun aber entstehen nach und nach mehr Jauchengruben im
Dorfe, und Niemand bereut es, solche zu machen. O so schafft
doch in Gottesnamen dem armen Volke Beispiele und Unterricht um Gotteswillen! Ich wurde in Landeck ersucht, mit
Dringlichkeit in den Gerichtsgemeinden und namentlich im
Stanzerthale eine bessere Alpwirthschaft zu empfehlen. Und
wahrlich mit Recht. Wenn schon überhaupt im Bereiche des
Oberinnthals die Alpwirthschaft gar nicht anders, als nur
schlecht genannt werden kann, so geht doch das Gebahren auf
den Alpen gerade in dem genannten Gebiete des Bezirkes
Landeck als ein wahres Muster von Nichtswürdigkeit weithin
voraus. Und das Merkwürdige dabei ist, daß gar Niemand
mir Unrecht gab, von Allen, die mich darüber hörten; alle

sehen es ein, bedauern es, und doch kam man bisher nicht dazu, es anders zu machen. Und was ist wieder der Grund davon? Alte Rechte und eine alte Alpordnung. **Ein altes Recht ist oft weiter nichts, als ein alter Schade und eine alte Schande.** Es ist hier seit uralter Zeit so Brauch und Recht, daß alle Alpen von 7 Gemeinden ein gemeinsames Gut bilden; sie werden alle dreißig Jahre neu unter die betreffenden Gemeinden vertheilt, und dann finden erst noch Untervertheilungen zu je 10 Jahren statt. Ueberdies hat die Gerechtsame von 2 Schlössern etwa mit 20 oder 30 Rindern, das Recht, alle 30 Jahre unter diesen Alpen der 7 Gemeinden eine für die ganze folgende Periode nach Belieben auszuwählen. Die Folge von diesem Brauch ist, daß alle diese Alpen so gut es nur gehen kann, zu Grunde gehen, weil keine Gemeinde für die andere, welcher später das Loos die betreffende Alpe zuwirft, etwas thun will. In einer schlechten Alpe fehlt dann außer dem bischen Weide, das sie bietet, alles, was da sein sollte. So wären Ställe nothwendig wenigstens für die Zeiten empfindlicher Kälte und zwar namentlich für das Milchvieh. Denn wer weiß nicht, wie sehr die Kühe von der Milch fallen, wenn sie zu kalt bekommen? Und wenn z. B. 100 Kühe auf einer Alpe im Sommer nicht etwa blos einen Tag sondern öfter mehrere Tage nach einander Kälte und Hunger leiden müssen, wie bald sind nicht 1000 und 2000 Maß Milch verloren? In der Nähe der Sennhütte und Stallungen sollte eine gut umzäunte Wiese sein, die mit dem in den Stallungen fallenden Dünger versehen und regelrecht bemeiert werden soll, wie eine Wiese in dem Thale. Das Heu davon soll in Städeln aufbewahrt werden, um eben zur Zeit der Kälte und Noth dem Vieh in den Ställen verabreicht zu werden. Statt dessen haben oft Hirten das bewilligte

5

oder unbewilligte Anrecht, Gras für sich zu werben und seiner
Zeit zu Thal zu bringen. Der fallende Dünger wird nicht
selten verkauft und zu Thal gebracht, oder es bestehen sogar
alte Bezugsrechte, wie eines z. B. in Ischgl für benachbarte
Wiesen sein soll. Das Abführen des Düngers aus den Alpen
ist an und für sich so gut ein Unsinn, als es nur unsinnig
sein kann, den auf einem Gute fallenden Dünger fortwährend
ohne Ersatz wegzugeben. Und erst die alten Bezugs=
rechte von Dünger aus einer Alpe sind wirklich volle Un=
rechte, heißen sie auch Rechte oder Servituten, die einfach ohne
Entgeltung aufzuheben wären. Oder man sage doch, geht es
an, auf irgend ein Gut — und ein solches ist doch wohl auch
eine Alpe — die Servitut auf weltewige Zeiten zu legen, all'
den fallenden Dünger an einen Nachbar als fortwährendes
Recht zu überlassen? Solche Verträge konnten in alter Zeit
nur geschlossen werden aus Unkenntniß jener Grundsätze der
Landwirthschaft, welche die Erhaltung der Bodenkraft bedingen.
Mit voller Erkenntniß konnte auch vor 100 Jahren Niemand
einen solchen Vertrag schließen, und wenn er Gemeindegut
zu verwalten hatte, so durfte er ihn auch nicht schließen. Somit
sind solche Verträge, denen jedenfalls das Siegel des Unver=
standes aufgedrückt ist, oder Rechte, oder Servituten — heiße
man es wie immer — auf keiner stichhaltigen Rechtsgrund=
lage gestützt, daher ohne Entgeld einfach aufzuheben. Jeden=
falls sollte eine Ablösung dort stattfinden müssen, wo die
ursprünglichen Verhältnisse ganz andere geworden sind. Jeder
soll freier Herr auf seinem Gute sein dürfen.

Der auf einer Alpe fallende Dünger soll ganz auf der
Alpe selbst zur Düngung verwendet werden, wie es sonst auf
jedem richtig bemeierten Gute Brauch ist. Der Dünger soll
ausgeführt und ausgebreitet, oder aber vielfältig vielleicht noch

beſſer durch Bewäſſerung angewaſchen werden, alles nach Um=
ſtänden, wie ſie die Oertlichkeiten geſtatten. Aber dazu und
häufig auch zur beſſeren Bequemlichkeit der Thiere ſind Wege
und Waſſerleitungen nothwendig. Man ſoll den Thieren richtig
vertheilte Tränkplätze ſchaffen, wo ſie reines Waſſer bequem
erhalten können. Vielleicht würde dieſes manchmal ſogar gegen
den verrufenen Milzbrand helfen. Die Alpe ſoll ſorgfältig
gereiniget werden von Steinen, Unkräutern und Geſtrüppen,
welch letztere wieder ſehr gut zu Düngungszwecken ſich aus=
beuten laſſen. Dies aber hat durch eigens beſtellte Arbeiter
oder im Akkord zu geſchehen, nicht aber durch Gemeindearbeit,
die häufig in gar nichts anderem beſteht, als in gemeinſchaft=
lichem Tabakanzünden. Die Milchkeller und Geräthſchaften
der Sennerei müſſen ſo beſchaffen ſein, wie ſie den beſten
Nutzen bei der mindeſten Auslage ſichern. Vor Allem aber
muß ein der Sennerei vollkommen kundiger Mann angeſtellt
und der Gebrauch des Thermometers ihm gerade zur Pflicht
gemacht werden. Was die Koſt des Alpenperſonals anbelangt,
ſo iſt darauf zu ſehen, daß es eine gute, geſunde und wirklich
nahrhafte Koſt zur vollen Sättigung erhalte, aber es iſt nicht
zu dulden, daß es im Rahm oder Butter ſchwimme. Ohne
Noth und Zweck wird oft von dem Alpenperſonale eine un=
endliche Maſſe Schmalz vergeudet. Alſo wäre eine genauere
und gewiſſenhaftere Wirthſchaft mit dem gemeinſamen Eigen=
thume der Alpwirthe, unter denen oft auch recht arme Leute
ſind, ſehr zu empfehlen. Und gerade aus dieſer Rückſicht
empfiehlt ſich das Fettſennen auf den Alpen ſo ſehr, abgeſehen
davon, daß die Alpenmilch auch beſſere Käſe gibt. Denn die
genaue Wirthſchaft, die bei der Fettſennerei nothwendig iſt,
ſichert allen an einer Alpe Betheiligten den höheren Gewinn,
als ſonſt gewöhnlich herauskommt. Es iſt wohl nicht wahr,

daß durch die Fettsennerei gerade immer mehr profitirt werden muß, als bei Bereitung von Butter und mageren Käsen; denn es wird eine gewisse Gränze der Preise eintreten müssen, wo beide gleich stehen, oder die eine Sennerei vor der andern den Vorrang behauptet. Dies aber ist gewiß, daß mit der gewöhnlichen Schlendriansennerei auf den Alpen und zu Hause nothwendig Schaden herauskommen muß.

Endlich will ich sagen, daß es höchst angezeigt wäre, in mancher Alpe Moosflächen auszutrocknen. Daburch würde man häufig auf ganz vortrefflichen Torf kommen, dessen Gewinnung die ohnehin fürchterlich zugerichteten Walbungen an der Holzgränze schonen und den Aelplern selbst manche Arbeit erleichtern. Man würde mehr Weideplätze gewinnen, und wer weiß ob nicht gar eine der Ursachen des Milzbrandes beseitigen. Man verbessere doch die Alpen, denn es liegt wahrhaft ein ungeheures Kapital des Landes auf ihnen, das nach der bisherigen Wirthschaft keinen Nutzen abwirft, sondern von Jahr zu Jahr vermindert wird, weil die Alpen so gut ohne Pflege und Kultur verwildern müssen, wie jedes andere Gut im Thale. Man überlege, daß man im Allgäu bis zu 23 fl. Grasgeld für die Sömmerung einer einzigen Kuh zahlt. Um eine solche Summe zahlen zu können, muß ein noch viel größerer Nutzen herausschauen. Ich würde zum Schlusse vorschlagen, jede Alpe nach 5 Jahren mit einer jährlichen Steuer von 100—500 fl. zu belegen, welche in dem bisherigen Schlenbrian ohne einen ernstlichen Besserungsversuch verharrt. Diese Steuer wäre nur eine Luxussteuer und soll in den von mir oben vorgeschlagenen Meliorationsfond fließen.

Von Landeck zog ich aufwärts durchs Oberinnthal und ließ wohl keine größere Ortschaft ohne Besuch und Vortrag. Unsere Conversation bewegte sich stets um dieselben Gegenſtände. Ohne daher mich bei jeder Ortſchaft aufzuhalten, werde ich blos bei einzelnen anführen, was mir überhaupt der Ver= öffentlichung werth ſcheint.

In Ried, wie überall wo ich durchzog, empfahl ich die Anwendung des Gipſes zum Zwecke der Düngung und zwar ſowohl für ſich, wo er ſich durch Verſuche als geeignet erweiſen würde und als Beigabe zum Miſt. In Ried war dieſe Er= mahnung auch ſchon beßwegen ganz am Platze, weil ganz in der Nähe ein Gipsbruch iſt. Ich habe mich in Betreff des Gipſes auf meiner bi⸗sjährigen Wanderung von zwei Dingen überzeugt, nämlich: daß unſere geognoſtiſche Karte bei weitem nicht alle Gipslager angezeigt enthält, welche ſich im Lande vorfinden. Unter den Ortſchaften, welche ich heuer durchwan= bert habe, wird es wirklich nur wenige geben, welche vom nächſten Gipsbruch weiter als etwa eine Poſtſtation entfernt ſind. Dies iſt eine ſehr erfreuliche Thatſache, einen ſolchen Schatz, wie ihn der Gips der Landwirthſchaft darbietet in großer Menge und Nähe zu finden. Aber die zweite Thatſache iſt minder erfreulich, ſondern geradezu ein ärgerliches Armuths= zeugniß für die Zuſtände unſerer Landwirthſchaft. Mit Aus= nahme des Bezirkes von Reutte, wo der Gips mehr oder minder überall und in manchen Bezirken in voller Menge angewendet wird, wird in den allermeiſten Ortſchaften auch nicht einmal eine Priſe verwendet, ungeachtet die Leute davon gehört haben, und die Gipslager ganz gut kennen. Mit dem Gips verhält es ſich ungefähr wie mit der Jauche. Man weiß ganz gut überall, daß ſie düngt, läßt ſie aber über den Kirchweg ablaufen; ebenſo weiß man vom Gips, daß er düngt und in der Nähe des Dorfes faſt wie auf der Naſe bricht, wendet ihn aber nicht an. Wie ſteht es da mit der In= telligenz? Uebrigens habe ich mich auch überzeugt, daß viele

Leute wirklich nichts davon wußten, daß der Gips als Bei=
gabe zum Dünger zu verwenden sei, sowie gar manche der
Ansicht waren, man müsse den Gips auch zum Zwecke der
Düngung brennen. Ich machte in diesen Gegenden des Ober=
innthals, wie ich schon weiter oben angedeutet habe, die Be=
merkung, daß nach dem Austritte aus der Schule vom Volke
eigentlich außer Kalendern und Gebetbüchern wenig mehr
gelesen wird. Dies ist namentlich in Betreff auf landwirth=
schaftliche Lektüre wahr; ja man muß einfach sagen, Land=
wirthschaftliches liest das Volk gar nichts. Deshalb um die
Bildung des Volkes zu heben, müssen die Versuche, Casinos
und Lesevereine zu bilden, welche in neuerer Zeit gemacht
wurden, entschieden, mit Beifall begrüßt werden. Aber auch
landwirthschaftliche Schriften und unsere landwirthschaftlichen
Blätter sollten da gehalten werden. Es wäre dies ein brin=
gendes Bedürfniß für das Landvolk. Es ist nicht, als ob das
Volk gar nichts lesen wollte, gleichsam als ginge ihm Verstand
und Wille dazu ab; nein dies ist nicht wahr; denn gerade
der landwirthschaftliche Kalender liefert den Gegenbeweis davon.
Er ist wohl der theuerste Kalender aber auch der beliebteste
denn dies beweisen die 20,000 Exemplare, die heuer und im
letzten Jahre reißend abgesetzt wurden. Möchten doch, wie
es im letzten Landtage angeregt worden ist, alle Kalender des
Landes, welche für das Landvolk gedruckt werden, passende
landwirthschaftliche Aufsätze enthalten. Man ist sicher, durch
dieses Mittel in jedes Haus eine landwirthschaftliche Lektüre
zu bringen, die nicht einmal, sondern öfter gelesen wird.
Durch dieses Mittel gelingt es auch für jede Gegend gerade
das Passende zu schreiben, weil in Deutschtirol allein in 5
Städten Kalender erscheinen, die so vertheilt sind, daß jeder
Landesstrich individuell bedacht werden kann. Möchte man

doch jetzt schon in den landwirthschaftlichen Vereinen und maß=
gebenden Kreisen daran denken, diesen Kalender sorgfältig mit
gewählten Aufsätzen auszustatten; denn die Zeit vergeht und
unversehens überrascht die unbedachten Zauberer die heran=
genahte Zeit des Druckes. Uebrigens bemerke ich, daß auch
Kalender vom Auslande (von Baiern) in den vergangenen
Jahren hereingeschwärzt, ja völlig einzelnen Haushaltungen
aufgebrungen worden sind. Es muß wirklich nicht sein, daß
um einer so geringen Kleinigkeit wegen, wie die Kalender sind,
die wir doch im Lande selbst nicht so theuer haben können,
Geld in's Ausland wandere. Man sollte solche Schwärzer
zur gerechten Strafe den Behörden überantworten.

Der Kalender reicht aber noch im Allgemeinen als Volks=
lektüre nicht aus; wir müssen auch eine landwirthschaftliche
Zeitung haben. Denn es geschehen viele Dinge auf den Fel=
dern des Aus= und Inlandes, die der Mittheilung werth
sind, und die man bald wissen sollte, oder es sind Dinge zu
besprechen, welche nicht gerade für den Kalender passen; dieser
hat endlich doch zu wenig Raum, um alle die Dinge der Land=
wirthschaft, über welche im Laufe des Jahres das Volk con=
versirt und conversiren soll, in sich aufzunehmen. Eine fort=
während Anregung soll es geben und diese erlangt man nur
durch eine landwirthschaftliche Zeitung. Freilich wäre es gut,
wenn auch die politischen Landeszeitungen aller Farben sich
mit landwirthschaftlichen Dingen befassen möchten, wie sie es
denn mitunter in lobenswerther Weise thun. Allein dies reicht
noch wirklich nicht aus. Ein Grund davon ist, daß alle Ar=
tikel, welche vermöge ihres bidaktischen Inhaltes werthvoll
wären und aufbehalten werden sollten, in die politischen
Zeitungen eingeschaltet, so gut als verloren gehen. Denn
politische Zeitschriften werden selten irgendwo im Lande auf=

behalten, während dieses bei einem landwirthschaftlichen Fach=
blatt meistens als wie eine selbstverständliche Sache der Fall
ist. Wie steht es nun bei uns mit einer landwirthschaftlichen
Zeitung? Ich kann auf diese Frage nur antworten, es steht
miserabel. Es erscheint heuer der vierte Jahrgang unserer
landwirthschaftlichen Blätter, die monatlich in zwei Nummern
jede einen kleinen Bogen stark erscheinen und mit Post be=
zogen nur 1 fl. 20 kr. kosten. Ueber 400 Abonnenten hat
das Blatt nie erreicht, jetzt steht es unter 400 und scheint
sich kaum mehr halten zu können, wenn es so fort geht. Ich
habe im letzten Jahre durch volle 5 Monate so zu sagen das
Blatt allein geführt und kann sagen, daß während dieser Zeit
von Städten sowohl wie vom Lande freiwillig nicht 5 Mit=
theilungen geschweige denn Artikel eingelangt sind. Einige
erhielt ich durch direkte Nachfrage. Daraus geht wieder her=
vor, daß im ganzen Lande eine höchst geringe Theilnahme
an einer landwirthschaftlichen Lektüre herrsche. Man liest
nichts, und gibt nichts zu lesen. Und dennoch müßte eine
landwirthschaftliche Zeitung aus Tirol eines der interessantesten
Fachblätter werden, weil es vom Nordkap bis zum Gardasee
alle Klimaten, Lagen, Böden und Vegetationsverhältnisse ent=
hält, und weil bei der unendlichen Verschiedenheit der Thäler
bei einem fleißigen und etwa gar nicht blöden Volke die
interessantesten Sachen aus älterer Zeit zu erzählen wären
und täglich sich neue wichtige Sachen zutragen. Oft manches
alte Weib auf einem abgelegenen Hofe irgend eines wilden
Thales hat eine Erfahrung, die allgemein bekannt sein sollte.
Wenn das Land an einer landwirthschaftlichen Zeitung keinen
Theil nimmt, so kann keine Redaktion eine solche schaffen.
Denn fehlt es an Abnehmern, wie findet ein Blatt seine
Existenz? Ja es wäre sogar zwecklos es zu unterstützen mit

irgend öffentlichen Geldern, weil damit nur erreicht würde, daß man mehr Papier bedrucken könnte, um es liegen zu lassen. Findet das Blatt keine Correspondenten aus dem Lande selbst, die ihm wenigstens von dem überreichen Materiale magere Notizen zusenden möchten, wie kann denn die Zeitung überhaupt von der Wirthschaft im Lande etwas berichten? Wie kann sie etwas nützen, wenn sie Niemand liest, und wenn ihr Niemand etwas zuführt? Man hat unserem Blatte bisher nicht einmal die Ehre oder Unehre angethan, darüber zu schimpfen, und ich habe mich auf meiner Reise davon über= zeugt, daß bei weitem der größere Theil der ländlichen Be= völkerung nicht einmal weiß, daß es erscheint. Man könnte dem Blatte doch wenigstens Rügen ertheilen, oder man könnte und sollte die Behandlung gewisser Gegenstände verlangen. Aber nichts von dem Allen geschieht. Wo liegt also die Schuld. Am Volke, das um die Zeitung nichts weiß, schwerlich. Sie liegt, gestehen wir es nur ganz offen, sie liegt in der Intelligenz des Landes. Nämlich jene Stände, die man zur Intelligenz zählen sollte, weil sie eine höhere Bildung haben, als man auf den Bänken der Volksschule erhält, haben keinen Sinn für ein so nützliches und patriotisches Unternehmen, und betheiligen sich daher schon an und für sich nicht an den landwirthschaftlichen Blättern; sie geben sich aber auch nicht die allerminndeste Mühe, sie im Volke zu verbreiten, für welches sie doch geschrieben werden und zwar mit aller Rücksicht eines kleinen Umfanges und geringer Kosten. Die Verlagshandlung hat bisher für sich durch alle vier Jahrgänge kaum 60 fl. bezogen, und Honorare hat man gar keine bezahlen können.

Es ist dies so wieder ein recht auffallendes Kennzeichen unserer landwirthschaftlichen Zustände, das sich kurz mit den folgenden Worten charakterisiren läßt: Die Intelligenz des

Landes, also eigentlich der Organismus des Volkes kümmert sich gar nicht um ein zweckmäßiges und billiges Mittel, das sich wie von selbst darbietet, um einen landwirthschaftlichen Unterricht unter die Volksmassen zu verbreiten; und er kümmert sich darum nicht sogar im Angesichte der offenkundigen Thatsache, daß ein guter Theil der Armuth des Volkes in der landwirthschaftlichen Unwissenheit seinen Grund hat.

Obschon ich überall mit einer unverdienten Zuvorkommenheit und Gastfreundlichkeit aufgenommen worden bin, so habe ich doch sowohl in diesen Gegenden als anderswo vereinzelte Erfahrungen zu fühlen bekommen, die jedoch meistens recht komischer Na ur waren. Die Vollständigkeit meines Berichtes, der durch Detailschilderungen einige Grundsätze zur Charakteristik unserer landwirthschaftlichen Zustände liefern soll, verlangt, daß ich auch von diesen etwas sage. So gesellte sich nicht selten unseren Versammlungen ein Betrunkener bei, oder was der Wirkung nach gleich ist, irgend einer jener Potentaten, deren unvermeibliche Eigenschaft es ist, in allen Dingen immer und allein Allwissenheit und Recht zu besitzen. Ein paar Male wurde ich gelegentlich wohl auch von Kindern weiblich ausgelacht. Andere gab es, die meinten, es sei ganz und gar nicht anständig für einen Geistlichen, im Lande so herumzuziehen und von wirthschaftlichen ja sogar schmutzigen Dingen zu reden wie z. B. vom Dünger. Solche Christenlehren, wie ich sie vorbrächte, hätte man nicht erwartet, und habe auch keine Lust sie anzuhören. Jemand sagte mir sehr wohlmeinend, er habe mein Büchlein über den Dünger gelesen, aber er müsse sagen, es habe ihm immer als unanständig mißfallen, daß sich ein Geistlicher unterstanden habe, so etwas zu schreiben. Auch öffentlich im Gasthause wurde laut geschimpft, ich hätte heimzugehen und andere Pflichten zu erfüllen, anstatt wie Dörcher durch's Land zu fahren; mir sei der Mist lieber, als das Seelenheil Anderer u. s. w. Ich schreibe dieses hieher, daß mir das ganze Land über solche Pharisäer lachen helfe. Uebrigens fühlte ich es selbst wohl heraus, daß ich nicht alle meine Zuhörer befriedigen konnte, und baß Viele mit Recht an meinen Vorträgen manches aus=stellen konnten; denn ich habe weder die umfassende Kenntniß noch die lichte Klarheit, wie sie ein vollendeter Lehrer und Vertreter der Landwirthschaft haben soll, und oft wohl mögen mir Worte entwischt sein, welche den örtlichen Verhältnissen nicht entsprachen; aber diese Verhältnisse konnte ich nicht im= mer wissen. Möge man also meinem gewiß guten Willen das Mangelnde verzeihen.

In Fiß erzählte man mir, daß man es für gut finde, die Milchschüsseln nach dem Backen von Zeit zu Zeit im Ofen scharf ausbraten zu lassen, und daß man sie überhaupt wie Holzgeschirre brühen müsse. Es ist mir dies sehr einleuchtend. So lange die Glasur ganz ist, d. h. keine, auch noch so feine Sprünge hat, mögen die Milchschüsseln zum Aufrahmen ganz gut sein, sobald aber die Glasur Sprünge bekommt, oder gar abgelöst wird, dürften sie ohne Anwendung von scharfer Hitze behufs ihrer Reinigung wohl unter die schlechtesten Milchge=fäße zu zählen sein, die es überhaupt gibt. Die gebrannte Töpfererde der Schüsseln ist nämlich immer porös und saugt Säuren, fette und überhaupt flüssige Stoffe, die damit in Be=rührung kommen, begierig auf. Der Beweis dafür liegt darin, daß Scherben länger gebrauchter Schüsseln oder Häfen auf die Glut gebracht, Feuchtigkeit und oft so viel Fett ausschwitzen, daß sie ordentlich brennen. Es begreift sich daher leicht, daß eine Milch in solchen Schüsseln viel bälder sauer werden muß, und daher auch weniger aufrahmen kann, in welche die Säure

b. i. der Gährungsstoff der Milch durch Glasursprünge oder ab=
gelöste Stellen eingeschlagen hat, wenn selbe nicht durch die
Hitze wieder zerstört werden. — So viel ich mich erinnere, will
man auch in Fiß und gar manchem anderen Orte von der
Waldstreu nichts wissen — ein gar lehrreiches Beispiel für
andere.

Es hat bei uns eine Zeit gegeben, wo zwischen Ge=
meinden und Förstern ein vielfacher Zwiespalt herrschte, ja
man konnte Reden vernehmen, welche das gesammte Forst=
personale als die größten Waldfrevler verurtheilte. Noch
immerhin zeigt die Statistik der Forstfrevel, wie schwankend
der Begriff von Mein und Dein in Betreff des Waldes bei
vielen Leuten ist. Wälder von Gemeinden, Klöstern, reicheren
Pfründen oder von größeren Grundbesitzern sowie der Reichs=
forst sind noch nicht selten Gegenstände, an denen man sich
freier vergreifen zu können glaubt. In Bezug auf die Forst=
kultur lassen die Volksbegriffe noch sehr viel zu wünschen
übrig, insbesondere, wo es sich um eine Aufforstung handelt,
oder wo man ein Stück Weideland oder eine zeitweilige Weide
erhaschen zu können glaubt. Es mag immerhin sein, daß
mancher Förster einen Mißgriff gemacht hat. Wären aber
keine Förster da gewesen, oder hätten sie der Volkswillkühr
freien Lauf gelassen, so wäre manche Gegend kahl, holzarm und
elend daran, und wären nicht so manchem Förster alle mög=
lichen Prügel bei seiner Pflichterfüllung unter die Füße gewor=
fen worden, so wäre jetzt gar manche Gemeinde schöner und
reicher. Ich habe übrigens auf meiner Reise fast mit Ver=
wunderung wahrgenommen, daß sich seit einigen Jahren ein
viel besseres, an manchen Orten sehr gutes Einvernehmen der
Gemeinden mit den Förstern hergestellt und daß auch eine
weit bessere Sorgfalt für den Wald in manchen Gegenden

Platz gegriffen hat. Aber noch immerhin gibt es einen furcht=
baren Wust alter Vorurtheile und Mißbräuche aufzuräumen.

In Tösens begann unsere Versammlung mit einem Ge=
spräche über Waldkultur. Mir schien es, als ob die Gemeinde
noch in einer uralten Fehde mit den Forstämtern begriffen
wäre, ich vermag aber nicht zu sagen, worin diese gerade
besteht, oder wer im Unrechte sei. Ich selbst vermochte nicht,
wie mir schien, mit meinen Aeußerungen den Beifall der Leute
zu gewinnen, obschon ich mir nicht bewußt bin, etwas gesagt
zu haben, das man anderswo beanständet hätte. Es ist wohl
möglich, daß nicht Alles, was ich eben sagte, für jeden Platz
in Tösens paßte. Ich brach diesen Gegenstand ab und ging
auf einen anderen über. Aber hier in diesem Berichte muß
ich noch einen Augenblick länger verweilen. Ich vernahm
die Aeußerung, daß man dort das Vieh in die frischen Wald=
schläge auf die Weide gehen lasse. Dies geschieht wohl auch
anderswo, aber jedenfalls selten ohne den jungen Waldanflug zu
beeinträchtigen, zu verzögern oder fast ganz unmöglich zu machen.
Letzteres ist namentlich um so mehr der Fall, je näher man
zur Holzgränze in die Höhe rückt, weil die Samenjahre seltener,
der natürliche Anflug dünner, der Wachsthum langsamer, die
Gefahr für die jungen Bäume länger andauernd und ihre
Erholung nach einer etwaigen Verletzung viel schwieriger ist.
Ich nehme mir die Freiheit, mit meinem schon erwähnten
Vorschlage einer Luxussteuer zu einem Landes=Meliorationsfond
hervorzutreten. Wenn sich in einem bestimmten Falle ver=
nünftiger Weise sagen läßt, daß die Eintreibung von Weide=
vieh in frische oder ältere Schläge, die wieder aufgeforstet
werden sollen, die Aufforstung beeinträchtige, verzögere oder
gar in Frage stelle, so soll von jenen Viehbesitzern, welche
ihre Thiere in solche Schläge zur Weide eintreiben — gleich=

viel ob kurz oder lang — oder eventuell auch von den Ge=
meinden, die solches dulden, eine Luxussteuer von 5—10 fl.
per Stück ohne Unterschied, ob es Großvieh oder Kleinvieh
sei, erhoben werden. Wegen der etwaigen Einbuße der erwähn=
ten Weide, wie sie wohl die Folge dieser Luxussteuer
sein würde, sind die betreffenden Gemeinden in keinem Falle
zu erbarmen. Denn würden sie ihre Alpen und Heimweiden
verbessern, ihre Düngerwirthschaft und den Futterbau besser
einrichten, so könnten sie dreimal so viel Futter gewinnen.
Wer durch solche Aufbesserungen seine Futtervorräthe nicht
vermehrt, sondern in ganz ungereimter Weise zum Schaden
des Waldes um Weide greift, der ist nicht schade, eine Luxus=
steuer zu zahlen. So könnte gerade in Töfens ein Gemeinde=
platz unterhalb des Widdums am Inn mit Bäumen, z. B.
mit Eschen oder Lärchen bepflanzt und ohne zu große Mühe
zu einer besseren Weide mit einem gleichzeitigen Holznutzen
hergerichtet werden. Auch die Oedelassung solcher Plätze sollte
besteuert werden. Pfunds bot seit der großen Muhre im
letzten Herbste ein trauriges Bild der Verheerung dar. Das
arme Dorf steht ganz auf einem falschen Platze, nämlich ge=
rade dort, wo wiederholte Muhrbrüche wie der letztjährige es
wieder treffen und verwüsten müssen. Man baute in der alten
Zeit, wenn man etwa lange von einer großen Muhre nichts ge=
hört hatte, sich meistens am Bache an um sein Wasser und
seine Kraft in der Nähe zu haben. Aber ein oberflächlicher
Blick hätte jeden belehren können, daß man sich an der Mün=
dung eines schuttreichen Thales auf einem Muhrkegel befinde,
ungefähr wie in der Nähe eines Vulkanes. Stünde Pfunds
links oder rechts auf der Anhöhe, so wäre es ganz sicher und
das Wasser könnte dem Dorfe zugeleitet werden, wie es jetzt
den Feldern zur Bewässerung zufließen muß. Es ist eine

große Wahrheit, daß man durch unvorsichtiges Aushauen von Wäldern weiten Gegenden durch Veranlassung von Lawinen und Muhrbrüchen großen Schaden zufügen kann. Diese Wahrheit ist hinlänglich oft schon erörtert worden, um nicht allbekannt zu sein und ihre Befolgung kann unseren Landsleuten nicht genug empfohlen werden. Allein sie ist nicht die einzige Wahrheit. Denn bei einem ungewöhnlichen Ungewitter, seien es Hagelschläge oder Regengüsse, können furchtbare Schuttbrüche über jeder möglichen Holzgränze losbrechen, wie es z. B. in Pfunds der Fall war, oder es können ganze Waldstrecken sammt den Bäumen in Fluß gerathen, wenn tief unter ihnen die Regenbäche in den Schuttboden sich verlieren, sich aufstauen und das ganze Terrain erweichen, wie ich selbst im Oetzthale beobachtet habe. Und in der That, wenn man die großen Muhrkegel betrachtet, wie in Flaurling, Tösens, Pfunds, von Plawen gegen Mals, zwischen Laas und Kortsch, bei Mais u. s. w., so sieht man auf den ersten Blick, daß es große, ja vielleicht noch größere Muhren gegeben habe, als noch lauter Urwälder in Tirol standen. Die Muhren konnten wohl auch größer sein, weil noch mehr Schutt droben im Gebirge war. Gegen die Gottesgewalt ganz außerordentlicher Ungewitter läßt sich durch Menschenhand wohl nichts vorkehren, es wäre denn, daß es uns gelänge, an den gefährlichen Plätzen die Regenbäche oberflächlich abzuleiten und ihr vorzeitiges Versinken in den lockern Schuttgrund der Berglehnen zu verhindern.

Nauders erzeugt vielleicht den schönsten Kabis im Lande. Er ist etwas früher im Wuchse, niedrig, macht große feste Köpfe und gibt noch viele Blätter. Daher ist der Same von Nauders auch so gesucht, daß man im Frühjahre kaum mehr einen erlangen kann; es wäre mir selbst beinahe im

Dezember so ergangen. In diesem Dorfe herrscht ein eigen-
thümlicher Brauch, der so komisch ist, daß ich ihn zur allgemeinen Heiterkeit zum Besten geben muß. Der Boden der
Ställe ist so fest und undurchlassend, daß meistens keine Jauche
mehr versickern kann. Man sammelt sie daher wohl gelegentlich auch in Gruben. Von diesen Gruben wird die Jauche
von Zeit zu Zeit ausgeschöpft und auf die Gasse geschüttet.
Damit jedoch die Gassen nicht gar so sehr verunreiniget
werden, ist eine Einrichtung getroffen, welche auch in anderen Dörfern Nachahmung finden sollte; es gehen nämlich
an der Seite der Wege mit Steinen gut ausgepflasterte
Rinnen, welche das Wasser abführen. Es gibt ein Paar
Feldstücke, welche sehr fruchtbar sind, ohne je gedüngt zu
werden, und dieß beruht darauf, weil das Gassenwasser des
Dorfes sie düngt. Dies weiß man allgemein, aber die Jauche
gießt man aus. In Naubers wurde im vorigen Jahre auch
ein ergiebiges Lager von vortrefflichem Torfe angestochen,
was der holzarmen Ortschaft gar sehr zu statten kommen wird.
Nur müssen die Leute den Torf besser dörren, als es im letzten Jahre eben geschehen ist. Die Versammlungin in Naubers
und Haid waren recht besucht.

Von Haid muß ich etwas erzählen, was zwar nicht in
die Landwirthschaft, wohl aber in die Wirthschaft gehört. Auf
der Post bekam ich einen ganz ausgezeichneten Kaffee. Der
Verbrauch von Kaffee hat bei uns wie im Auslande unter
allen Schichten der Bevölkerung in der ausgedehntesten Weise
um sich gegriffen. Mag der Kaffe so vortrefflich sein als er
will, es wird jedenfalls besonders in bäuerlichen Familien
schon mehr verbraucht, als eben nothwendig und sogar zuträglich ist. Tabak und Kaffee sind zwei furchtbare Steuern,
welche sich das Volk selbst auferlegt hat. Jedoch wäre es

selbstverständlich ganz und gar unmöglich, dagegen etwas mit Erfolg zu predigen, und ich will mir deswegen keine vergebliche Mühe geben. Wenn man nun aber schon einmal Kaffee gebraucht oder so zu sagen verbrauchen muß, dann soll er aber auch recht gemacht sein und gerade in diesem Punkte fehlt es sehr häufig, ja man darf wohl sagen in der Regel. Und deswegen will ich auch hiebei mich einen Augenblick aufhalten. Der erste Fehler, den man beim Bereiten des Kaffee's macht, besteht darin, daß man ihn zu stark röstet. Soll der Kaffee gut sein und ausgeben, dann darf er nicht stärker geröstet werden, als daß das gemahlene Pulver eine mehr lichtbraune Farbe erhält, gerade wie der Sommerhabit eines Kapuziners und nicht dunkler. Man brennt den Kaffee gewöhnlich viel dunkler in der Absicht um zu sparen, damit die gemachte Kaffeebrühe dunkler werde. Dabei merken aber die Närrinnen nicht, daß ein guter Theil des besten Geruches und der Kraft zu Grunde geht, daß man also durch zu starkes Rösten wohl Kaffee verbrennt, aber durchaus keinen erspart. Auch nicht zu viel auf einmal soll man rösten, weil der frisch geröstete Kaffee einen weit besseren Geruch hat. Gerösteter Kaffee, oder gar sein Pulver, das lange herumliegt selbst in Büchsen — verliert sehr viel an Güte. Auch nicht zu schnell soll man den Kaffee rösten, sondern sich Zeit lassen bei kleinem Feuer, sonst verbrennen von außen die Körner, während sie inwendig noch roh bleiben. Hat man den Kaffee verröstet, dann bekommt er beim Zusatze von Milch eine mißfällige Aschenfarbe. Um nun diese zu vermeiden, geben die ungeschickten Schönen Feigenkaffee zu und damit verderben sie den Kaffee noch viel mehr." Wird der Kaffee recht geröstet, so wird er in keinem Falle mißfärbig werden. Der Feigenkaffee ist das Pulver gerösteter Feigen, aber kein Kaffee und theilt ihm wohl auch gar keine Kraft und Eigenschaft mit außer der braunen Farbe. Er ist vielmehr dem Magen nicht zuträglich, für die Verdauung nicht gut, und verursacht jene bekannten Magenbeschwerden, welche man mit dem Worte „Graben" bezeichnet, was ein guter Kaffee nicht thut. Also um zu sparen, richtet man einen Theil Kaffee durch Verbrennen zu Grunde, wodurch er auch ganz unschön wird; und um ihn schön zu färben und wieder zu sparen, setzt man Feigenkaffee zu, damit, was noch etwa Gutes daran wäre, verderbt werde. Der ärgste Unsinn besteht aber schon darin, daß man den Feigenkaffee auch dann nicht spart, wenn man einen Kaffee wirklich als Arznei gegen einen blöden Magen gegen Kopfschmerzen oder gegen die Folgen unmäßigen Trunkes geben will. Da esse man lieber die natürlichen Feigen allein, und probire, was sie wirken; schlechteres gewiß nicht, als die Brühe ihres gerösteten Pulvers. Mit der Gefallsucht durch eine schöne Farbe beim Kaffee hat es etwas eigenes, als ob diese etwas dem Körper nützen würde; und so ist es auch mit der Farbe beim rothen Wein. Der Wein mag noch so gut und stark sein als er will, vielen gefällt er einmal nicht, weil er nicht die ihm gerade eingebildete Farbentiefe hat. Ei wenn es denn gerade so und so viel auf die Farbe ankommt, siedet euch gelegentlich einmal einen Zentner Blauholz und trinket gelegentlich eine Kelle voll Farbe, gerade so viel euch nämlich davon anständig und nützlich scheint.

Der zweite Fehler, den die ungeschickten Schönen beim Kaffeemachen begehen, besteht darin, daß sie den Kaffee zu stark sieden. Soll der Kaffee seinen guten Geruch und Geschmack behalten, dann darf er überhaupt gar nicht gesotten werden. Den Kaffee soll man immer in der Maschine machen und wer einmal öfter Kaffee trinken will, muß sich eine Maschine anschaffen und seine Bereitung lernen, die gerade damit viel leichter und einfacher ist. So lange man keine Maschine hat, soll man den Kaffee in einem Hafen mit siedendem Wasser begießen, fest zudecken, warm stellen und absitzen lassen, oder abseihen, wenn man nicht gar zu lange warten kann. Auch den Absud soll man nicht zu lange sieden. Am besten ist es wohl, ihn in der Maschine selbst wiederholt in kleineren Portionen mit siedendem Wasser zu begießen, welches in kurzer Zeit alles Auflösliche auszieht, so daß die Flüssigkeit zuletzt farblos durch das ausgezogene Pulver filtrirt. Der so gewonnene Absud kann dann das nächstemal zur Kaffeebereitung verwendet werden.

In Mals versammelten sich die Mitglieder des landwirthschaftlichen Vereines aus den Nachbargemeinden zu meinem Vortrage, es war eine zahlreiche und lebhafte Versammlung. Mals ist eine jener wenigen Gemeinden, in welcher die Anstellung und Haltung der Zuchtstiere gut geregelt ist. Ich denke, es würde in jeder Gemeinde das beste sein, wenn der versammelte Ausschuß ein Gemeindegesetz machen und mit Energie durchführen würde, welches diese so wichtige Angelegenheit im Sinne der landwirthschaftlichen Interessen regeln würde. Freilich würde man vielfältig für den Stierhalter einen namhaften Beitrag aus der Gemeindekasse anweisen, das Sprunggeld erhöhen, manches alte Recht aufheben, und mit alten Gewohnheiten brechen müssen. Man bedenke aber doch einmal in allem Ernste, daß ein Kalb so sehr vom Stiere abhängig wird, daß es vom Wurfe weg um 2—10 fl. mehr werth ist, und daß vielleicht mehr als ein Steuerquartal der Gemeinde durch die vortheilhafte Wirkung des besseren Zuchtstieres auf den Preis der Kälber gedeckt ist, davon gar nichts zu sagen, daß der Preisaufschlag auf gutes Jungvieh, sobald

6*

es auf den Markt kommt, ein bedeutender sein wird, und der bedeutendste Hauptnutzen erst aus den erwachsenen Thieren, seien es dann Kühe oder Ochsen herausschauen wird. Daher wird es nicht blos gerechtfertiget, sondern im Interesse der Gemeinde geboten sein, die ja gerade der Ausschuß zu vertreten und zu wahren verpflichtet ist, mit alten Gewohnheiten zu brechen und alte sogenannte Rechte auszutilgen, weil sie für die Gemeinde selbst nur Mißbräuche und Unrechte sind. Da es aber in jeder Gemeinde Schreier und Starrköpfe gibt, denen man nichts recht machen kann, so wird sich allerdings die Gemeindevertretung hie und da böser Nachreden zu versehen haben. Aber diese Nachreden werden nur so lange dauern, bis der gute Erfolg in der Brieftasche sichtbar wird, was höchstens in einem Jahre der Fall sein muß. Der Zuchtstier muß von guter Art und schön sein, zur Race der Gegend nach Farbe und Körperbau passen, und auch nach Abstammung und Art dem Zwecke entsprechen, den man bei der Züchtung verfolgen will. Denn es ist wohl nicht möglich, bei der Züchtung alle Zwecke zu verfolgen, also Thierarten heranzuziehen, die stark im Zug, gut zur Mast und ergiebig in der Milch zugleich sein könnten. Will man gute Milchkühe züchten, so soll der Stier in längerer Abstammung von guten Milchkühen abstammen. Es soll ein unverbrüchliches Gemeindegesetz werden, daß kein Stier angestellt werden darf, der nicht von einer Commission sachverständiger und unpartheiischer Männer für ganz tauglich erkannt worden ist. Ebenso sollte es nicht erlaubt sein, einen Zuchtstier wegzugeben, der als ausgezeichnet erprobt worden ist, so lange er eben zuchtfähig ist, oder nicht durch einen besseren ersetzt werden kann. Man pflegt nämlich die Zuchtstiere bei uns häufig zu jung anzustellen, und nach der Sprungzeit wie=

der wegzugeben, gleichviel ob sie gut oder schlecht oder aus=
gezeichnet seien. Den Stierhaltern ist dies nicht zu verdenken,
weil sie das Thier eine geraume Zeit des Jahres hindurch
umsonst füttern müßten, ohne dafür entschädiget zu werden.
Aber es ist jedenfalls ein Unsinn, ausgezeichnete und noch
lange zuchtfähige Thiere aus der Gemeinde wegzugeben blos
um etlicher Gulden willen. Will man sich nicht dazu ent=
schließen, die besten Zuchtstiere so lange zu behalten, als sie
wirklich zuchtfähig sind, so werden wir auch in der Züchtung
nichts ausgezeichnetes leisten. Endlich will ich noch sagen, daß
von ausgezeichneten Zuchtthieren Sprungregister geführt werden
sollen. Wären diese einmal etwas in den Gebrauch eingeführt,
so würde sich für Käufer und Verkäufer auf den Märkten oder
unter der Hand der Vortheil bald überlaut geltend machen.
Gerade die Sorglosigkeit in Haltung der Zuchtstiere, der sich
bisher nicht blos ganze Gemeinden, sondern ganze Thäler und
Bezirke schuldig gemacht haben, ist Ursache daran, daß wir
schlechteres Vieh haben, als wir haben sollten, und daß arme
Leute, die mehr einnehmen sollten, weniger lösen. Man ver=
stehe mich nicht unrecht. Es handelt sich nicht darum, daß
überall großes Vieh und nach einem Schlage gehalten wer=
den müsse, aber daß man schönes und gutes Vieh überall
halte, das ist es eben, dessen man dringend bedarf. Auch
kleines Vieh kann schön und gut sein, und wird an manchem
Orte wohl sogar kein großes brauchen können wegen der Rau=
heit und Steilheit der Weidegänge und Alpen. Und gewiß
können auch kleine Besitzer keine großen Thiere halten, aber
gute können und sollen sie halten, wenn sie nicht noch kleiner
werden wollen als sie schon sind. Etwas ähnliches wäre
wohl auch in Betreff der Zuchtwidder und Ziegenböcke zu sa=
gen. Die Anstellung und richtige Haltung guter Zuchtthiere

ist so wichtig, daß ich wirklich wieder zu meinem alten Vorschlage zurückgreifen muß, man soll jene Gemeinden, die hierin
offenbar zurückbleiben mit einer jährlichen Luxussteuer von
100—300 fl. zu Gunsten des Meliorationsfondes belegen.
Denn es ist wirklich ein unverzeihlicher Luxus, bei hellem
Tage und klarem Kopfe schlechte Zuchtthiere zu halten, und
den besten Viehnutzen ohne Sinn und Zweck auszulassen.

Ich erzähle hier, was ich sowohl in Mals, als anderswo
über einige Forstkalamitäten habe klagen gehört. Dahin gehört das Sammeln von Pech. Es wäre freilich nicht blos
erlaubt, sondern höchst angezeigt, das freiwillig den Bäumen
entströmende Harz fleißig zu sammeln und zu verwerthen.
Aber die gewöhnlichen Pechsammler sind wie Schwärzer, die
in ganz unberechtigter Weise mit vollem Bewußtsein Geld
machen wollen. Sie nehmen nicht etwa blos das natürlich
ausfließende Harz, sondern sorgen dafür durch absichtliches
und oft sehr schlimmes Verletzen der Bäume, daß ein möglichst reichlicher Harzfluß an möglichst vielen Bäumen erfolge.
Dadurch werden die Bäume nicht blos im Wachsthum beeinträchtiget, sondern sie sind der gewissen Gefahr preisgegeben,
kernfaul zu werden. Ich hörte darüber allgemein und bitter
klagen.

In dieses Kapitel gehört ferner der Schaden, den Samen-
sammler im Walde anrichten. Wie nützlich ist nicht der Han-
del mit Waldsamen gegen das Ausland, und wie nothwendig
ist es nicht zum Zwecke der Aufforstungen im eigenen Lande,
Waldsamen zu sammeln? Aber was thun viele Sammler?
Ich hörte es in Mals und noch vielen anderen Orten erzählen, daß sie um das Geschäft sich zu erleichtern namentlich
auf Lärchbäumen, einfach die Aeste und nicht selten sogar
1—3 Klafter lange Gipfel abhauen.

Nicht zu den kleinsten Waldplagen gehört auch die zu milde Bestrafung der Forstfrevler. Es soll z. B. irgendwo vorgekommen sein, daß Leute ohne die mindeste Scheu vor den Waldaufsehern und in der sicheren Voraussicht der Strafe widerrechtlich im Walde Holz fällten und dies aus dem ein= fachen Grunde, weil man die Strafe so gering anzusetzen pflegte, daß die Betreffenden auf diese Weise zu dem billigsten Holze kamen. Die Ansichten über die Bestrafung der Forst= frevler gingen zwischen den Beamten, Förstern und Gemeinden oft sehr weit auseinander, und ich kann wohl sagen, selten einmal hört man klagen, man sei zu strenge gegen die Forst= excedenten gewesen, wohl aber häufig, daß man viel zu gnä= dig mit ihnen verfahren sei. Wenn die Gemeinden mit den Förstern, ohne engherzig und karg zu sein, den Leuten das nöthige Holz überlassen, so daß Niemand sagen könnte, er sei durch Noth gezwungen worden, an dem Walde sich zu vergreifen, dann darf man gegen die Forstfrevler schon etwas schärfer vorgehen, namentlich wenn z. B. Männer aus dem Ausschusse sich an Forstfreveln betheiligen, wie es auch schon geschehen ist, oder wenn man Excesse begeht, wie es von den Samensammlern oben erzählt worden ist u. s. w. Mit Dar= legung dieser Ansicht glaube ich wirklich einer öffentlichen Meinung Ausdruck verliehen zu haben.

Von Mals abwärts bis zum Ende des schönen Vintsch= gaues ist wahrscheinlich schon vor undenklichen Zeiten die süd= liche Abdachung der nördlichen Thalwand bis hoch hinauf ins Gebirge abgeholzt und nie mehr wieder aufgeforstet worden, sondern wird als Weide benützt. Es ist dies eine magere Weide, worauf Millionen von Stämmen stehen könnten, die dem Thale einen herrlichen Anblick, aber einen noch viel grö= ßeren Nutzen gewähren würden. Es wird endlich nach einer hiezu erfolgten Geldanweisung des Landtages zur Aufforstung geschritten, welche einsichtsvolle Männer schon seit Jahren durch ihre Vorstellungen betrieben haben. Gelingt dies große Werk, worauf wenigstens in Mals die durch vielen Aufwand von Geld, Zeit und moralischer Kraft durch Herrn Dr. Flora angelegten Pflanzungen und Pflanzgärten hoffen lassen, dann wird Vintschgau um mehrere Millionen reicher, sein Klima wird besser und neue Wasserquellen werden aus den verdorrten Gebirgsparthien hervorbrechen. Denn will man aus gemachten Beobachtungen einen Rückschluß sich erlauben, so ist man zu dieser Hoffnung berechtiget, weil, wie Bequerel ausdrücklich nachgewiesen hat, das Abtreiben der Wälder viele Wasserquellen zu versiegen zwingt. Aber dessen darf man sicher sein, das Aufforsten dieser ungeheuren Strecke wird zweierlei Schwierigkeiten erfahren, und zwar von Seite des Bodens sowohl, als von Seite der Bevölkerung. Der ersten wird man müssen eine langwierige Geduld, der zweiten eine unbeugsame Energie des Willens entgegensetzen. Daß der Boden da und dort Schwierigkeiten entgegensetzen werde, läßt sich vermuthen, weil er wohl vielleicht schon seit Jahrtausenden verkarstet ist. Die Trockenheit, aber nicht die Unfruchtbarkeit des Bodens dürfte Schwierigkeiten in den Weg legen. Im schlimmsten Falle wird bei ausdauernder Geduld auch dieser Feind besiegt werden, wenn man die neuen Pflanzungen langsam unter dem Schutze bereits entstandener Waldungen vorschiebt. Schwieriger zu überwinden dürfte das Hinderniß von Seite der Bevölkerung sein. War es ja überhaupt der Unverstand der Bevölkerung, welcher unsere Wälder lichtete und die Errichtung von Forstämtern sowie die Bestellung von Waldaufsehern zur unabweislichen Pflicht der Nothwehr machte! Der Bauer rechnet überhaupt wenig in seinem Hauswesen, aber gewiß am allerwenigsten rechnen Gemeinden, wenn es sich um einen Ertragsvergleich zwischen Wald und Weide handelt. Man will Weide, läßt aber den Weideboden ohne Pflege und stiehlt Holz, und so hausen wir mit dem Bodenkapital des Landes immer rückwärts statt vorwärts, wie es das Bedürfniß der wachsenden Bevölkerung wäre. Ich zweifle daher nicht im Mindesten daran, daß Fälle von heimlichen Forstfreveln und Gewaltverwüstungen der schlimmeren Art, durch eine Reihe von Jahren da und dort vorkommen werden, und daß Vorstellungen und Gegenagitationen nicht ausbleiben dürften; denn die Kurzsichtigkeit in Betreff des wirklichen Nutzens in einer Gegend ist sehr häufig bei einem Theile der Bevölkerung völlig unbelehrbar und unbelehrbar, besonders wenn der eine oder andere Schreier sie hetzt, und nicht selten kommt es vor, daß ein Zusammentreffen von Umständen und Ereignissen die Wälderopposition einen Augenblick ersieht, wo sie ruiniren kann, sei es auf gesetzlichen oder ungesetzlichen Wegen, was einsichtsvolle Männer in ihrem Wohlwollen durch viele Jahre hindurch geschaffen haben. Eine solche Opposition, ich gestehe es offen, fürchte ich auch in Betreff der Aufforstungen in Vintschgau und zwar deswegen, weil den Leuten eine Spanne schlechter Weide, die sie noch dazu ganz vernachläßigen, viel mehr gilt, als vielleicht der zehnfache Waldnutzen. Auf diesen Umstand ist nach meiner Ansicht die vollste Rücksicht zu nehmen, weil man sonst Gefahr läuft, die ganze Aufforstung, die ohnehin schwierig ist, in Frage zu stellen. Daher erlaube ich mir folgendes vorzustellen. Man nehme nicht die ganze Fläche auf einmal in Angriff, sondern in jeder Gemeinde zunächst die der Aufforstung allergünstigsten Strecken. Diese lassen sich leicht aufforsten und steigern sowohl in der Bevölkerung sowie in den Förstern den Muth und machen die Gegner verstummen.

Zugleich hat man immerhin noch Weide genug; die Bevöl=
kerung kann inzwischen den Futterbau verbessern und die
übrigen Weideplätze besser pflegen, und wird daher durch die
angefangene Aufforstung keine Einbuße von Futter erleiden.
Ferner lege man an geeigneten Plätzen verdünnte Lärchen=
pflanzungen an, etwa wie die schönen Lärchenwälder bei Ob=
steig oder Miebers. In diesen Lärchenwäldern, sobald sie
dem Zahn der Thiere entwachsen sind, wird man zehnmal
mehr Mahd oder Weide finden als früher auf dem ausgedörrten
Boden. Die eine oder andere solcher Anlagen wird geeignet
sein, die Ungunst der Bevölkerung ganz zu beschwichtigen.
Sollten endlich Fälle von boshafter und gewaltthätiger Wider=
setzlichkeit vorkommen, die sich oft durch heimliche Zerstörungen
im ausgedehntesten Maßstabe Luft macht, dann darf es auch
nicht an einer exemplarischen Energie von Seite des Landes
und der Behörden fehlen. Jedenfalls muß die Gemeinde, in
deren Bezirk ein solcher Schaden angerichtet wird, durch eine
unerbittliche und scharfe Exekution gezwungen werden, den
angerichteten Schaden durch eine volle Aufforstung augenblick=
lich wieder gut zu machen; ja sie soll verhalten werden, noch
ein gutes Stück Boden mehr aufzuforsten. Der Gemeinde
steht dann freilich der Regreß an die Schuldigen zu, falls
man dieselben ausfindig macht, und falls sie so viel Mittel
haben, den angerichteten Schaden wieder gut zu machen. Es
darf nie geduldet werden, daß durch heimliche Tücke es mög=
lich wird, eine Landesangelegenheit zu hintertreiben, Landes=
gelder zu veruntreuen und ein öffentliches Gesetz zu vereiteln;
denn dies käme der Duldung von Meuchelmord an der öffent=
lichen Sitte und Wohlfahrt gleich. Von Mals muß ich schließ=
lich auch mit allem Lobe das wahrhaft ausgezeichnete Be=

wässerungssystem erwähnen, welches dem Lande als nach=
ahmungswerthes Beispiel vorgehalten werden kann.

In Glurns beginnt das Inundationsgebiet der Etsch,
das lang, breit und unheilvoll genug ist im Lande, um von
sich reden zu machen. Was das Wasser nicht schädiget durch
seine Wellen, das tückt später das Fieber an der menschlichen
Gesundheit, welches auf die schönsten Anhöhen hinaufsteigt
und manchmal fast die Hälfte der Bevölkerung ergreift, wie
z. B. in Naturns. Die Geschichte der Ueberschwemmungen
gewährt einen traurigen Ausblick in die Zukunft. So wie
es von jeher ging, so wird es auch für die Zukunft gelten, daß
von Zeit zu Zeit große Wassermassen vom Himmel strömen,
welche kein Flußbett mehr zu fassen vermag; folglich wird
von Zeit zu Zeit eine Ueberfluthung immer stattfinden. Diese
allein hätte indessen, abgesehen von dem momentanen Schaden
wenig zu bedeuten; ja vielmehr gar mancher Grund könnte
darum froh sein, weil das aufgestaute Wasser einen frucht=
baren Schlamm liegen läßt, dessen Wirkung mehrere Jahre
anhält. Allein das Hochwasser bringt auch einen unendlichen
Schutt aus den Gebirgen mit und zwar zum guten Theil
von Muhrbrüchen, die einer früheren Entwaldung ihre Ent=
stehung verdanken, zum Theil aber über der Holzgränze her=
unter oder aus solchen Gefällen, wo der Mensch nichts mehr
vorkehren kann. Daher erfolgen dann die verderblichen Aus=
brüche der Gewässer aus ihren aufgefüllten Rinnsälen.

So furchtbar diese Ausbrüche auch sein mögen, sie sind
dennoch für die Zeitbauer nicht das Schlimmste. Denn ein
plötzlicher Schaden läßt sich wieder repariren; aber jedesmal
bleibt von solchen Schuttausbrüchen ein erklecklicher Theil im
Flußbette zurück, der nach unserer bisherigen Art der Arbeit
nicht mehr fortgebracht werden kann. Die Folge davon ist,

daß sich die Flußbett immer mehr erhöhen und mit dieser Erhöhung sowohl die Gefahr der Ausbrüche nach Zahl und Intensität sich vermehrt, als auch die Versumpfung des anliegenden Geländes überhand nimmt. So rinnt bei Glurns die Etsch trotz früherer Regulirungen schon über dem Niveau des Städtchens, das wohl Jahrhunderte lang ganz sicher war, jetzt aber wirklich an einem ganz falschen Platze steht. So nimmt unter anderen Beispielen die Versumpfung von Sterzing immer mehr überhand u. s. w. Gelingt es der Mechanik seiner Zeit nicht, durch passende Maschinen die Wasserkraft der Ströme derart dienstbar zu machen, daß sie den nach einer Ueberschwemmung hinterlassenen Schutt bis auf den Grund aus dem Bette räumen und passend auf die Umgegend vertheilen muß, dann steht für gar manches Gelände nur eine traurige Zukunft bevor. Man regulirt die Flüsse mit unsäglicher Arbeit und vielen Geldopfern, und schafft dadurch eigentlich nur ein Palliativ, das wohl für eine Zeit hilft, später aber wieder andere Arbeiten erheischt. Also bis auf weitere Entdeckungen im Gebiete der Hydromechanik steht nichts anderes bevor, als periodische Wasserschäden, furchtbare Arbeiten und Geldopfer und mit all' dem eilt manche Ortschaft im Laufe der Jahrhunderte dennoch unvermeidlich einem größeren Elende entgegen, um endlich ganz unbewohnbar zu werden. Oder sollten nicht gar manche Ortschaften als Ablagerungsplätze geopfert werden müssen, um tiefer unterliegende Ländereien zu retten? Es ist dies ein hartes Wort und dagegen läßt sich einwenden, daß eine solche Aufopferung von Ortschaften, wenn auch etwa nicht immer, doch größtentheils nur wieder ein Palliativ ist, das nur für eine gewisse Zeit helfen kann, endlich aber bei einem außerordentlichen Gewässer noch mehr

schaden dürfte, indem es den seit Jahren angehäuften Schutt
auf einmal in die Tiefe wälzt.

In Eiers bewunderte ich wahrhaftig die Pflanzungen
der Papeln und Weiden (Alber und Felber), womit die wirk=
lich holzarme Gemeinde ihren Bedarf an Brennholz reichlich
deckt. Das Vorgehen dieser Gemeinde bei Benutzung eines
jeden Plätzchens, wo mit Nutzen ein Baum angebracht werden
kann, sollte wirklich allen Gemeinden im Lande als ein Beispiel
dienen. Gegenüber von Eiers unterhalb Tschengels ist eine
prächtige Badeanstalt mit lauen Quellen, welche durch ihren
Gehalt an Schwefelwasserstoff und Eisen sich auszeichnen. Aber
der größte Reichthum des Besitzers dürfte das dazu gehörige un=
geheure Torflager sein, wenn einmal ein Absatz des vortreff=
lichen Torfes in Fluß geräth. Es wäre dem holzarmen
Schlanders wohl dringend zu rathen, diesen Torf einmal zu
probiren. Sollte einmal eine Eisenbahn durch's Vintschgau
laufen, dann dürfte die letzte Stunde dieses Torfes geschlagen
haben. Ich hielt noch Vorträge in Laas, Schlanders, Tschars
und Algund und wanderte Bozen zu. Da drunten in dem
fruchtbaren und glücklichem Gelände, das die alten Ritter
schon zu schätzen wußten, welche sich hier ihre zahllosen Burgen
angelegt hatten, beherrscht der Weinbau die ganze Landwirth=
schaft so, daß die Rücksicht auf ihn alles übrige sich unter=
ordnen muß. Ich will offen bekennen, daß ich mich in den
hiesigen Verhältnissen etwas fremd fühlte, und dieselben für
eine andere Bereisung vorerst etwas einstudiren müßte. Jedoch
will ich in diesen Blättern auch alles, was mir im südlichen
Tirol aufgefallen ist, offen und rücksichtslos aufzeichnen.

Merkwürdig ist, daß einst in Algund eine Baumschule
bestand, die ein früherer Schullehrer kultivirt hatte. Jetzt ist
der Grund verpachtet von der Gemeinde und es besteht keine

Baumschule weder hier noch in der ganzen Gegend, die durch ihr herrliches Obst sonst bekannt ist. Die Pflege der Obst=bäume läßt hier überhaupt vieles zu wünschen übrig; allein die gute Natur wirkt hier fast zum Trotz mancher Fahrläſſig=keit, was würde ſie wohl erſt leiſten, wenn Fleiß und Kunſt ihr beiſtünden? Auf die Kultur der Wieſen ſcheint man großen Fleiß zu verwenden, und das fruchtbare Waſſer der Paſſer weiß man beſtens zu benützen. Nachahmungswerth weithin wäre das Jäten der Wieſen, aus denen man fleißig die grob=ſtängligen und blätterreichen Pflanzen, die viel Platz einnehmen und am Ende doch nur wenig eines ſchwer zu dörrenden und groben Heues liefern, mit gabelförmigen Hacken ausrottet. Daher findet man auf den Stäbeln ein feines Futter, das jedoch vielfältig zu ſpät gemäht wird. Würde man hier, wie meiſtens im Lande, die Jauche nicht verrinnen laſſen, ſondern wie in Tannheim fleißig ſammeln und anwenden, ſo könnte man wohl leicht viermal und zwar ein noch viel beſſeres Futter mähen. In einem Garten wurde Guano angewendet und man konnte dann fünf= bis ſechsmal ein äußerſt üppiges Gras mähen. Auch wurde beobachtet, daß der Guano die jungen Rebenſetzlinge ſehr ſchnell zum üppigen Tragen bringt. So gewiß zweimalzwei vier machen, ebenſo gewiß iſt es, daß in der Blüthe gemähtes Heu viel beſſer iſt, als ein anderes, das man ſpäter mäht. Allein es iſt nicht blos beſſer, ſondern es iſt auch ganz entſchieden mehr, ungeachtet der Heuſtock nach ſeinem äußeren Anſehen kleiner ausſieht. Denn in dem früh=gemähten Heu ſind weit mehr verdauliche Stoffe enthalten als in einem ſpätgemähten. Den Nutzen ſchafft aber das Heu nicht durch die Größe ſeines Haufens, ſondern durch die Menge und Güte ſeiner verdaulichen Nährſtoffe. Nach der Blüthe verholzt viel Heu und wird unverdaulich, es ſchwindet der kräftige Stickstoff und mancher Nährstoff dürfte geradezu in die Wurzeln sich hinabziehen, während die besten Theile dazu dienen den Samen auszubilden, der durch Ausfallen wieder fast ohne Zweck verloren geht. Aber eben so gewiß ist es, daß die Mehrzahl unserer Bauern unzählige Ausreden gegen das frühe Mähen vorbringen, welche indessen beim Licht besehen, alle falsch sind, sobald man recht wirthschaftet. Wird früh gemäht und mit verdünnter Jauche nachgedüngt, so wird, wenn auch nicht in manchen Fällen sogleich, der Wiesenertrag unfehlbar erhöht und verbessert, und dies nicht etwa für ein Jahr, sondern für die Zeitdauer. Es ist nicht der Mühe werth aber auch vergeblich, die Ausreden mancher Bauern zu widerlegen, weil sie das langjährige und ausgezeichnete Beispiel mancher besser wirthschaftenden Landwirthe bisher nicht zu widerlegen vermochte. Hienge es von mir ab, so würde ich alle spätmähenden Gemeinden nach dem Ablaufe von 3 Jahren mit einer Luxussteuer bedenken, falls sie bis dahin nicht vollkommen gelungene Wirthschaftsversuche mit rechtzeitigem Mähen aufzuweisen hätten.

Kunstdünger und Guano sind freilich sehr theuer und es ist das Volk im Grunde damit größtentheils gar nicht oder viel zu wenig bekannt gemacht worden. Man sollte meinen, wenn derselbe anderswo noch seine erklecklichen Renten abwirft, obschon er nicht minder theuer ist, so müßte dies bei uns auch der Fall sein. Ich glaube aber, daß er sich besser im südlichen Tirol noch rentiren würde, wo das warme Klima ihn weit energischer in die Vegetation treiben müßte; denn wo der Boden zweimal sehr üppig tragen kann, dort wird auch eine Kraftdüngung weit mehr lohnen, als etwa an einem kalten Orte, wo das Klima oft schon eine Frucht in Frage stellt. Es ist ein wahres Armuthszeugniß für unser

Land, daß wir noch keine Düngerhandlung haben und nur
zu häufig nicht einmal die Knochen benützen. In Lana wer=
den sie recht fleißig benützt, aber drunten dann, in und um
Bozen ist nicht einmal eine Knochenmühle, deren es im Oetz=
thale vier oder fünf gibt. In Brixen höre ich, wäre Knochen=
mehl pr. Zentner um 2 fl. 50 kr. zu haben, aber es wird
nicht gesucht. Pfui, was sind solches für Landwirthe, die sich
nicht darum balgen, es für diesen unter aller Kritik billigen
Preis zu erwerben! Ich fand wenig oder keinen Sinn unter
der Bevölkerung für Kunstdünger, und hielt es deswegen
nicht einmal gerathen, davon in den Versammlungen viel zu
sprechen. Aber es wäre dies unter anderen eine sehr wichtige
Aufgabe für das oben angedeutete mobile Versuchsinstitut,
wenn die betreffenden Wanderlehrer durch praktische Versuche
den Kunstdünger vorerst in einzelnen Gegenden handgreiflich
erproben und ihn sofort je nach seiner sich herausstellenden
Rentabilität ins Leben einführen wollten. Es heißt immer,
er komme viel zu theuer; ich aber bin der Ansicht, dies könne
bei uns Niemand sagen, weil Niemand ihn mit Hilfe von
Wage und Rechnung probirt hat.

In Meran theilte mir ein erfahrener Landwirth auch
die folgenden zwei Notizen mit, die weiter bekannt zu werden
verdienen. Man soll den Türken nicht häufeln beim heißen
Sonnenschein wenn die Erde ganz durchwärmt ist; denn dies
thut ihm sehr auffallend unwohl. Ferner ist zu merken, daß
es einer Wiese sehr übel thut, wenn sie während der Sonnen=
hitze auch mit warmem Wasser so berieselt wird, daß das
Wasser darüber stehen bleibt.

In Terlan theilte mir ein Landwirth eine interessante
Erfahrung über das Erdöl mit. Unter seine weißen Rosma=
rinäpfelbäume waren die Schildläuse gerathen, welche sie recht

zurückbrachten. Da nahm er sich die wirklich sehr große Mühe, drei davon bis in die einzelnen Zweige mit Erdöl zu über= pinseln. Dies half gründlich; die Schildläuse gingen darauf und die Bäume trugen außerordentlich. Dies Verfahren darf jedoch nur vor dem Safttrieb angewendet werden, sonst kön= nen die Bäume selbst daraufgehen. Auch gegen Wanzen wie überhaupt gegen die Insekten leistet das Erdöl sehr gute Dienste. Ich hielt auch in Mals, Tisens und Lana Vorträge unter vieler Theinahme und machte einen kurzen Ausflug nach Senale in Nonsberg. In Mals ist ein Gipslager, aber es ist gar keine Spur von einer Verwendung desselben für Düngungszwecke bei der Bevölkerung vorhanden.

In Mölten wurde mir von einem fürchterlich unsinnigen Waldfrevel erzählt, der dort seit alter Zeit eine feststehende Sitte, oder besser gesagt Unsitte bildet. Wie anderswo, so muß auch hier jährlich Heu aus den Bergmähdern heimgeführt werden. Um aber keine Schlitten wie anderswo auf den Berg befördern zu müssen, findet man es dort für gerathen, zu jeder einzelnen Fuhr zwei junge Stämmchen zu schlagen, die man dann zu Duzenden an den Häusern aufgelehnt findet. Ich kann nicht umhin, hier wieder mein Projekt einer Luxus= steuer bringend zu empfehlen, und jeden, der nicht Heu führt, wie es sonst im Lande Brauch ist, auf Schlitten oder Karren, sondern dazu den Jungwald in Anspruch nimmt, für das Fuder mit 2 fl. Steuerzulage zu Gunsten des landwirthsch. Meliorationsfondes zu bedenken. Vielleicht könnte diese Ge= meinde selbst dann in die Lage kommen, diesen Fond um einen Beitrag für Drainage anzugehen.

Von Mölten ging ich über das Joch nach Sarnthein, wo einem der Wohlstand und die Behäbigkeit schon von weitem wohl= thuend entgegenlachen. Das Sarnthal ist wohlhabend durch

feine Viehzucht und es hat auch Verstand für sein Interesse ge=
zeigt durch die Anlage der wirklich merkwürdigen Straße nach Bo=
zen. Allein ich habe auch dieses Thal mit einer Luxussteuer zu
bedenken, die noch in mehreren Bezirken des Landes bringend
Noth thäte, nämlich für das Schneiteln der Bäume. Es ist
ein wahrhaft trostloser Anblick, alle Waldbäume und voran
die Lärche von oben bis unten geschneitelt zu sehen. In frü=
heren Zeiten konnte man das Merkantilholz aus dem Sarn=
thal wegen dem Mangel einer Straße wohl nicht ausbringen,
und da war das Schneiteln der Wälder bei dem Ueberfluß
an Holz freilich gerechtfertiget. Aber jetzt, weil man das
Holz ausbringen und es zu hohen Preisen absetzen kann, wäre
es wirklich ein unverzeihlicher Luxus, das Schneiteln an den
Jungwäldern, die nun entstehen, wieder in Anwendung zu
bringen. An Bäumen, die schon einmal geschneitelt worden
sind, ist so nichts mehr zu verderben und diese mag man überall
fortschneiteln, wie bisher, bis sie zum Abtriebe kommen. Aber
dem Schneiteln neu entstehender Wälder sollte im Interesse
der Gemeinden sowie des Landes mit aller Entschiedenheit
entgegengearbeitet werden, und zwar zumeist in Südtirol, wo
der Weinbau so ungeheure Holzmengen in Anspruch nimmt.
Ich erneuere daher einen schon zu wiederholten Malen ge=
machten Vorschlag, daß allen jenen, welche mit der Schneitel=
wirthschaft nicht einverstanden sind und für sich auch keine
Schneitelstreu verwenden, ihr betreffender Theil aus der Ge=
meinde=Waldung als Privateigenthum herausgegeben werden
soll. Ich glaube wirklich, daß man Niemanden zwingen soll,
mit seinem Anrechte an den Vollgenuß der Gemeindewaldun=
gen zu einem allgemeinen Mißbrauch mitzuhalten. Will Je=
mand nicht schneiteln, so soll man auch seine Bäume, auf
welche er ein Recht hat, ganz und ungeschoren lassen. Es

ist übrigens mit Leuten, bei welchen das Schneiteln ein ein=
gefleischter Brauch ist, nicht gut reden. Denn wenn sie auch
zugeben müssen, daß der Walbertrag durch das Schneiteln
gewaltig leide, indem man nicht blos kein Bau= und Merkan=
tilholz mehr erhält, sondern auch an Brennholz einen sehr
bedeutenden Eintrag erleidet, weil fast nur kleine und kern=
faule Stämme übrig bleiben, so haben sie auf der anderen
Seite wirklich eine so unverrückbare Ueberzeugung von der
Güte und unabweislichen Nothwendigkeit der Schneitelstreu,
daß schwerlich ein Unterricht bei ihnen etwas verfangen wird,
er komme von einem Wanderlehrer, einer Behörde, einem
Förster oder einem Geistlichen. Auf eine Belehrung oder
Ermahnung gegen die Schneitelstreu wird man also in solchen
Gemeinden, wo sie ein allgemeiner Brauch ist, wenige oder
lieber gar keine Hoffnung setzen dürfen, weil sie gewiß umsonst
ist. Da muß man eben etwas praktischer und kräftiger zu
Werke gehen. Wird von einer Gemeinde oder einem Privat=
besitzer ein neu entstandener Jungwald geschneitelt, so sollen
sie mit einer hohen Einzahlung an den Meliorationsfond be=
dacht und überdies der so geschneitelte Jungwald ohne Barm=
herzigkeit sofort abgetrieben werden, um sogleich wieder neu
aufgeforstet zu werden. Will man Gegenvorstellungen machen
und die unabweisliche Nothwendigkeit der Schneitelstreu be=
haupten, so gebe man sich keine vergebliche Mühe mit Vor=
stellungen und Belehrungen, sondern verweise die Betreffenden
auf den beiweitem größten Theil des Vaterlandes, wo nicht
geschneitelt wird. Dort sollen sie selbst nachsehen, ob die
Wirthschaften derer, die nicht schneiteln, unter den gleichen Um=
ständen nicht ebenso gut oder noch besser stehen, als die ihrigen;
sie sollen selbst nachsehen, was die geschonten Wälder an Geld
eintragen und sie sollen mit eigenen Augen sehen, wie man

7*

ohne Waldschinderei noch ein reinliches und wohlgenährtes
Vieh halten und die Felder prächtig düngen kann. Die Leute
sollen nur hingehen, wo man die Schneitelung eingestellt hat
wie z. B. in Sexten, in Kufstein und sollen dort hören und
sehen bis sie genug haben. Wozu sollen sich Behörden zu
langem Unterricht hergeben, wenn man denselben im ganzen
Lande mit eigenen Augen und Ohren praktisch haben kann?
Es ist doch ein für alle Mal ein viel zu großer Wirthschafts-
unsinn, gleichzeitig die Wälder zu schneiteln, das Vieh über
und über mit Koth zu beschlagen und die gesammte Jauche
verrinnen zu lassen. Höchstens dies kann man in solchen Bezirken auf Verlangen oder Ersuchen gewähren, daß vergleichende Versuche durch ein Mitglied des vorgeschlagenen mobilen
Versuchsinstitutes durch mehrere Jahre in Betreff der Wirthschaft mit und ohne Schneitelstreu angestellt werden. Solche
Versuche wären überhaupt sehr zu wünschen, um allen unbe-
gründeten Ausreden auf Grund praktischer Erfahrungen die
Thüre weisen zu können. Man darf auch nicht fürchten, daß
dieser Vorschlag plötzlich ohne Uebergang in's Haus breche.
Dies ist nicht der Fall. Denn wenn man die schon geschnei-
telten Wälder fortschneiteln darf, und nur die neuen Jung-
wälder zu schonen hat, dann wird der Uebergang ein so all-
mähliger werden, daß man sich mit der neuen Streumethode
leicht zurechtsetzen kann.

Man erweise doch in Gottes Namen keiner Wirthschafts-
methode irgend eine Entschuldigung oder Hätschelung, welche
die betreffenden Bauern im eigenen Hauswesen schädiget, den
Nationalreichthum des Landes beeinträchtiget, und endlich an
und für sich ein solcher Unsinn ist, daß wir uns darüber
schämen sollen. Ich muß übrigens es hier ausdrücklich wiederholen, daß früher das Schneiteln allerdings einen guten Sinn

hatte. Denn die Gemeinden hatten Ueberfluß an Wald, das Holz aber hatte keinen Werth, und es mußten Tausende von Klaftern verfaulen. Jetzt aber ist die Sache ganz anders, weil das Holz einen hohen Werth hat, und durch Verbesserung der Kommunikationsmittel leicht an den Mann gebracht wird. Der Wald ist also ein ungeheures Kapital geworden, das man nicht abstechen darf, sondern bestens ausnutzen muß. Man muß nicht blind beim Alten bleiben, sondern nachrechnen ob man ohne Schaden dabei bleiben dürfe.

Zum Schlusse meiner Wanderung hielt ich noch in Gries, Eppan und Bozen Vorträge, und ich habe davon hier noch manches nachzutragen. Eine Wanderung nach Glaning und Jenesien mißlang, denn am ersteren Orte fanden sich nur wenige, am letzteren gar Niemand ein.

Gar vielfach hörte ich oft klagen über die Störrigkeit der Dienstboten, und will aus vielen blos ein einziges und zwar ein recht auferbauliches Beispiel erzählen. Ein Geist= licher, bei dessen Pfründe ein Grundbesitz ist, wollte sowohl zu seinem eigenen Nutzen, als um der Gemeinde bei ihrer recht miserablen Düngerwirthschaft ein praktisches Beispiel zu geben, seine Düngergrube besser einrichten und legte eine tabellose Jauchengrube an, sowie er auch alle betreffenden Verbesserungen im Stall vornehmen ließ. Als es nun dazu kam, die Jauche abzuführen, schnitten die Dienstboten schiefe Mäuler, folgten aber noch für dies Jahr, länger aber nicht mehr. Und der Geistliche bekam auch keine anderen Dienst= boten, welche ihm die Jauche auf die Felder abgeführt hätten. Der Herr mußte ihnen folgen, nicht aber sie dem Herrn. In Folge solcher Dienstbotenverhältnisse gab er seine Güter in Pacht. Fragen muß ich aber doch, ob es bei Behörden und in den Gesetzbüchern kein Mittel gäbe, so verdrehte Köpfe

von Knechten recht gründlich zurecht zu setzen, damit sie sich
gar nicht mehr zu verdrehen Lust kriegen? Und was soll man
von der schon leicht zum hunderten Male vorgebrachten Klage
über die abgebrachten Feiertage sagen, an denen z. B. Dienstboten ja nicht beten, wohl aber, was nicht die lockersten sind,
zu einem andern gegen Taglohn in Arbeit gehen? Was soll
man machen, wenn die Dienstboten um Lichtmeß geradezu 8
bis 14 Tage Ferien haben, wie es beim Ein- und Austritt
der Fall ist.

Die Branntweinbrennerei hat sich im Etschlande gegen
früher bedeutend verschlechtert, oder verbessert, wenn man
letzteres Wort lieber hört. Nämlich es hat der Brauch fast
allgemein um sich gegriffen, den Weintrestern beim Branntwein-
brennen Spiritus beizufügen. Die betreffenden Brenner erhalten auf diese Weise viel mehr Schnaps und zwar einen
Schnaps, der allerdings einem Weinschnaps ähnlich ist; allein
der Käufer bekommt wenig reinen Weinbranntwein mehr. Ich
kann mit diesem Verfahren im Prinzip nicht einverstanden
sein, sehe aber auf der anderen Seite auch ein, daß die Umstände es wirklich rechtfertigen. Denn warum sollte man nicht,
wie in der guten alten Zeit, einen reinen Weinbranntwein bereiten, der doch entschieden besser ist? Man kauft französischen
Cognac um theures Geld, und diesen könnten wir so gut machen, als wie die Franzosen. Warum läßt man die Waare
nicht rein? Es gingen schon wohl ehmals ganze Fuhren von
Erdäpfelschnaps z. B. von Imsterberg ins Etschland um als
echter Weinschnaps wieder umzukehren. Da ist ein guter
Spiritus, den man jetzt fast ganz fuselfrei erzeugen kann, jedenfalls besser als der frühere Erdäpfelschnaps gewöhnlicher
Branntweinbrenner, welche den Amylalkohol wohl nie zu entfernen verstanden. Nur fuselfrei soll der Spiritus sein, dann

kann man vom chemischen Standpunkt nicht viel einwenden und man erhält wenigstens kein ungesundes und doch ein viel besseres und angenehmeres Getränke, als es in mancher Kneipe feilgeboten wird. Um die Moral zu retten, sollte man aber Niemanden anlügen oder gar anführen. Uebrigens hat sich diese Manipulation der Branntweinerzeugung durch die Verhältnisse des Preises und Verkehres selbst gemacht. Durch den Zusatz von Spiritus zu den Weintrestern gewinnt man viel mehr Branntwein, und kann mit weit höherem Profit diesen weit billiger geben, als den reinen Weinschnaps. Die bei weitem größte Mehrzahl der Käufer bis zum letzten Stamm= gast einer Kneipe wollen in der Regel einen wohlfeilen Schnaps der immerhin noch gut genannt werden kann, und wissen übrigens genau, wie sie damit daran sind. Für den ganz reinen Weinschnaps erhält man übrigens lange nicht den Preis, den er dem mit Spiritus erzeugten gegenüber verdient. Die Folge davon ist, daß jeder, der reinen Weintresterbranntwein (Cognac) erzeugt, im Gewinn gegen den andern zurückbleibt, welcher mit Spiritus arbeitet. Es geht somit genau wie beim Weine; die bisherigen Verhältnisse der Preise und des Verkehres verlangten viele und billige Waare und auf die höchsten Vorzüge der Qualität kam es nicht mehr an.

Es unterliegt wohl nicht dem allerminbesten Zweifel, daß viele Gelände in Südtirol mit den besten französischen Weinen in Concurrenz treten könnten, wenn unsere Manipulation eine französische wäre. Die bisherigen Verhältnisse und namentlich der Umstand, daß unser Wein an der Gränze einen über= großen Zoll zahlen mußte, brachten es aber mit sich, daß man hochedle Weine nur mit Schaden oder wenigstens mit geringerem Profit erzeugen konnte, was dasselbe ist. Denn es kostet nicht blos die Manipulation hochedler Weine mehr, sondern auch die Kultur der Weinberge und die Wahl der Reben will eine andere sein. So ist z. B. die saftreiche und groß= beerige Vernatsche keine Traube, welche einen edlen und halt= baren Wein erzeugt, wohl aber erzeugt sie sehr viel eines gewöhnlichen Weines. Bisher kam es blos darauf an, vielen und billigen Wein zu erzeugen und gerade damit machte man den größten Gewinn. Das Land selbst war angewiesen, allen Wein selbst zu trinken, den es erzeugte. So lange die Verhältnisse sich nicht derart ändern, daß man mit besseren wenngleich wenigeren Weinen höheren Profit macht, als bis= her mit der großen Quantiät einer mittelmäßigen Waare, wird der Weinproducent von der bisher üblichen Weinkultur und Kellerwirthschaft nicht abgehen können, und am allerwe= nigsten der kleine Besitzer, der durch die so lange währende Kalamität der Traubenkrankheit ohnehin schon an die Gränze des finanziellen Ruins gebracht worden ist. Es ist eine un= widersprechliche Thatsache, daß wir in der Qualität der Wein= produktion weit hinter anderen Ländern zurück sind, obschon Boden und Klima die edelsten Gattungen reichlich zu erzeugen vermöchte. Diese Thatsache war aber zum größten Theile eine Folge der Verhältnisse und ist es noch gegenwärtig. Ob jedoch in alter Zeit die eigene Unvollkommenheit nicht mithalf solche Verhältnisse zu befördern, ist eine andere Frage. Be= kannt ist wenigstens, daß die hochedlen Weine anderer Länder z. B. Frankreichs schon in älteren Zeiten einen guten Zug hatten und wegen ihres Adels jeden Transport, jede Zeit= bauer und jeden Zoll aushielten. Daher darf man auch ver= muthen, hätten wir schon damals manipulirt, wie die Fran= zosen, so würden schon damals unsere Weine so weit gegan= gen sein als wie die ihrigen, und würden auch heutzutage noch so weit gehen. Unsere unvollkommene Manipulation in der Weinbereitung trug also schon in der alten Zeit einen guten Theil der Schuld an der Qualität und den Handelsverhält= nissen unserer Tiroler Weine, an denen wir noch leiden. Aber eben so gewiß ist es, daß diese Verhältnisse unmöglich anders werden können, so lange sich die Qualität und besonders die Dauerhaftigkeit unserer Weine nicht bessert. Sie zu bessern hängt von uns ab, aber es kostet uns allerdings keine geringe Mühe und Auslagen, denn bis man endlich durchbringt, braucht es viele und theure Aenderungen in der Manipulation und dazu sind noch die widrigen Handelsverhältnisse zu be= siegen, was um so schwieriger werden muß, weil sich andere, die gegenwärtig im Besitze des Marktes sind, durch unsere Konkurrenz schwerlich werden beeinträchtigen lassen. Da nun in Südtirol die gesammte Landwirthschaft rein vom Weinbau und von der Seidenkultur beherrscht wird, so sieht man aus dem Gesagten, daß wirklich noch sehr viel daselbst zu ver= bessern wäre. Wären diese Verbesserungen einmal durchge= führt, so würde Südtirol einmal sicher zu den wohlstehendsten und glücklichsten Ländern der Erde zu zählen sein. Mir scheint — ich sage es ohne Umstände heraus — daß verhältniß= mäßig in Südtirol weit mehr zu verbessern ist, als in Nord= tirol, daß man also verhältnißmäßig dort in gar manchem Stücke z. B. in der Milchwirthschaft hinter Nordtirol weit zu= rück ist, daß die Schwerhörigkeit der Bauern und ihr kon= servativer Sinn für das Alte, sei es nun gut oder nicht gut, weit stärker ist, als bei uns, daß die politischen Parteiun= gen weit schärfer und unversöhnlicher gegen einander fahren und daß endlich dort bisher weit weniger geschehen ist, um einen landwirthschaftlichen Fortschritt in Marsch zu setzen. Um wenigstens einen Theil dieser meiner Behauptungen durch einen Beweis zu erledigen, mache ich auf die Thatsache auf=

merksam, daß es zehn Jahre dauern mußte, um die Schwefelung der Reben allgemein durchzusetzen, ungeachtet des
jährlichen ungeheuren Schadens, der Alle zu ruiniren drohte,
ungeachtet der auffallendsten Beispiele des glänzendsten Er-
folges der Schwefelung und ungeachtet endlich so vieler
Zeitungsartikel und persönlichen Ermahnungen und Ansprachen.
Dies heißt man doch noch mehr als Harthörigkeit und schiefen
Konservatismus, wenn man nahezu lieber von Haus und
Hof wandert, anstatt im Angesichte eines glänzenden Bei-
spieles einer wohlgemeinten Belehrung zu folgen. Indessen
gibt es aber auch in Südtirol ein ganz anderes Materiale
für landwirthschaftliche Vereine und Unternehmungen, als bei
uns Kleinhäuslern in Nordtirol. Da gibt es viele wohlhabende Bauern und recht viele Herren der höheren Stände,
welche Intelligenz, Grundbesitz, Liebe zur Landwirthschaft, die
sie in eigener Regie praktisch betreiben, Geld und Energie und
Opferwilligkeit in sich vereinigen. Wird einmal, was doch
wohl in sicherer Aussicht steht, solche auserlesene Kraftelemente
die jetzt wie zufällig zerstreut oder gegen einander politisch
gespalten und ergrimmt daliegen, der Geist der Association
auf dem neutralen Gebiete der Landwirthschaft zu gemeinsamer
Thätigkeit zusammenführen, da würde sich bald die Welt verwundern über den ungeheuren Aufschwung einer Gegend
und sie müßte sich erbauen an der ungeahnten Harmonie
und Energie herrlicher Kräfte. Ich wage es geradezu auszusprechen, was die geeinigte Intelligenz im deutschen Südtirol zu leisten vermöchte, das könnte man weit herum in
die Welt suchen gehen. Zu einem Danielischen Elemente gehören ein Gefäß, eine Thonzelle, Zink, Kupfer, Wasser,
Schwefelsäure, schwefelsaures Kupferoxyd und Leitungsdrähte,
aber keines von diesen Dingen offenbart für sich eine Spur

von Elektrizität, sondern nur die richtige Zusammenstellung aller erzeugt den wunderbaren galvanischen Strom, der unsere Gedanken um die Erde blitzt. Ei was hilft es doch einem Lande, herrliche Kräfte zu besitzen, wenn ihm das Zauberwort fehlt, das sie zur elekterischen Batterie vereiniget?

Die Gegend von Bozen, namentlich Gries, hat einen schönen Besitz am Talfer Bache aus dem Sarnthal, gegen dessen böse Launen sich die Stadt durch große und prächtige Bauten verwahrt hat. Das Wasser dieses fruchtbaren Baches wird so viel nur möglich zur Bewässerung benützt. Was aber besonders hervorzuheben ist, besteht darin, daß man die düngende Kraft des feldspatreichen Porphyrsandes, den dieser Bach führt, verstanden hat und nun auch gehörig ausbeutet. Das Sarnthal, aus welchem die Talfer kommt, enthält Thonglimmerschiefer, Glimmerschiefer, Porphyr und etwas weniges Sandstein und krystallinische Kalke. Die ersten drei Gebirgsarten gehören entschieden zu den fruchtbaren. Die Erfahrung sagt auch, daß der Talfer Sand (Muhr) auf den Weinbergen vom entschiedensten Nutzen sei. Nun hat man aber auch hier allenthalben, wo es nur thunlich ist, Gruben angelegt, in welche das Wasser des fruchtbaren Baches seinen Sand ablagert, der seiner Zeit mit allem Fleiße auf die Weingüter verführt wird. Ich sah auch Düngergruben mit denselben Belegen umgeben, um ihn seiner Zeit mit Jauche geschwängert, auf die Felder zu bringen.

Wenn man nun schon nicht überall im Lande den Sand der Talfer haben kann, so gibt es doch noch viele Bäche, welche aus fruchtbaren Gebirgsgegenden Sand weithin durch die Thäler tragen, der ebenfalls mit großem Vortheile verwendet werden könnte. Es ist dieses schon lange nicht mehr in einzelnen Gegenden des Landes unbekannt und unbenützt, wie

z. B. in Hall und Längenfeld im Oetzthal, wo jährlich viele
Hunderte von Fuhren des Flußſandes als Streu mit dem
entſchiedenſten Vortheile benützt werden. Aber obſchon ſolcher
Sand noch weiterhin vorkommt, bleibt der löbliche Brauch
ſeiner Benützung noch immer auf einzelne Ortſchaften bisher
beſchränkt, während die nächſten Nachbarn ihn vollſtändig
ignoriren. So langſam verbreiten ſich bei uns oft die aller-
nützlichſten Sachen. Die Benützung ſolcher Sandarten, welche
der Landwirthſchaft entſchieden nützlich ſein können, weiter zu
verbreiten, wäre wieder eine Aufgabe des vorgeſchlagenen mobilen Verſuchsinſtitutes, das mit der Wanderlehre verbunden
ſein muß. Wahrlich an vielen Orten ließe ſich damit etwas
ſehr Erſprießliches erzwecken, wie z. B. in Meran und Mais
mit dem Sande der Paſſer und der unheimlichen Naif. Ich
mache beſonders darauf aufmerkſam, daß unſere Urgebirge
häufig viel Feldſpath und nicht wenig Phosphorſäure führen
und daß die Jauche eine entſchieden ſehr kräftige Wirkung
auf die Zerſetzung ſolcher Sandarten ausübt, ſo zwar, daß
ich wirklich glaube, durch Einſtreuung manchen Sandes werde
man mehr Nahrungsſtoff auf die Felder bringen, als durch
Anwendung von Waldſtreu. Alſo noch einmal ſei die brave
Verwendung des Talfer Sandes dem ganzen Lande als ein
ſehr nachahmungswerthes Beiſpiel empfohlen.

Ein Zweig der Landwirthſchaft, in welchem man im ſüdlichen Tirol häufig entſchieden am weiteſten zurückſteht, iſt
die Milchwirthſchaft, und daran trägt die Hauptſchuld wohl
das Kima und dann die Fütterungsverhältniſſe. Wo man
die Milch nicht verkaufen kann, ſondern Schmalz und magere
Käſe bereitet, iſt es im ſüdlichen Tirol während des größten
Theiles des Jahres ganz gewiß zu warm, um den vollen
Nutzen aus der Milch ziehen zu können. Denn wenn man

überlegt, daß die Temperatur des Butterns ohne Schaden 12—14° R. (im südlichen Tirol wahrscheinlich 11—13°) nicht überschreiten darf, und daß die Milch bei einer höheren Temperatur als 8—12° R. der schnellen Säuerung zu sehr preisgegeben ist, so wird man einsehen, daß in den meisten Wirthschaften die Butterbereitung mit Schaden verbunden sein muß, weil die Milchlokale meistens viel zu warm sind. Diesem Uebel zu entgehen gibt es nur drei Auswege. Entweder ist die Milch zu verkaufen, was aber nur in der Nähe angeht.

In Bozen kostet die Milch pr. Maß 8 kr., was wirklich sehr billig ist; aber wie einmal die Sachen stehen, wird man dort noch immer um diesen Preis die Milch am besten verwerthen. Oder man muß irgend eine Fettsennerei einführen; aber dazu dürfte an manchen Orten namentlich im Sommer zu wenig Milch vorhanden sein. Oder man muß endlich eine gemeinschaftliche Sennerei für ganze Ortschaften oder Assoziationen einrichten, in denen es durch eine künstliche Abkühlung des Sennlokales sicher gelingt, die zur Butterwirthschaft nöthige Temperatur zu erreichen. Eine solche sah ich in Auer, welche schon seit 20 Jahren mit Ehre besteht, und nicht blos für Südtirol, sondern auch für gar manche Ortschaften in Nordtirol als ein sehr nachahmungswerthes Beispiel empfohlen zu werden verdient. Die Sennerei ist ein kleines Gebäude an einem Mühlbach. Im Stockwerk oben enthält es das Wohnzimmer für den Senner, die Vorrathskammer für Butter und Käse und das heizbare Milchlokale für den Winter. Unter diesem befindet sich zu ebener Erde das eigentliche Sennereilokale mit dem großen Käsekessel und dem Butterkübel. Zum Behufe des Abrahmens wird der Butterkübel, der ein ganz gewöhnliches in Oberinnthal gebräuchliches Stoßbutterfaß, aber begreiflicher Weise so groß wie ein Krautfaß ist, von seinem Standorte beim Buttern vermittelst eines Strickes durch eine Oeffnung in das Milch=lokale heraufgezogen, und nachdem er den Rahm aufgenommen wieder hinabgelassen. Die abgerahmte Milch wird in einen großen Trichter geschüttet und gelangt vermittelst einer Röhren=leitung durch den Boden in den Käsekessel. Das Geschäft des Butterns muß ein Wasserrad verrichten, welches vom vorbei=fließenden Mühlbach getrieben wird. Im Frühjahre und Herbste befindet sich unmittelbar über dem Mühlbache ein anderes Milch=lokale, das durch den vorbeiströmenden kühlen Bach stets eine Temperatur erhält, wie sie die Milchwirthschaft braucht. Im Sommer befindet sich das allermeiste Vieh auf der Alpe, und es wird daher in Auer selbst nicht mehr gemeinsam gesennt. Im Kloster zu Gries sah ich eine andere sehr zweckmäßige Vorrichtung, die Milch im Sommer gehörig abzukühl'en. Sie besteht in einer großen Pfanne aus Zinkblech, welche ein längliches Viereck bildet und in diese Pfanne wird kühles Wasser geleitet, welches die darin befindlichen Milchgeschirre umspühlt und abkühlt. Wer nun an der gemeinschäftlichen Sennerei Theil nehmen will, bringt täglich Früh und Abends seine Milch zum Senner, der sie mißt, abwiegt und aufschreibt und monatlich erhält der Bauer das ihm gebührende Quantum von Butter und Käse. In Münster, wo ebenfalls eine solche Sennerei besteht, erhält man auch die Molke zurück, um mit derselben das Häckselfutter der Kühe abbrühen zu können. Die Buttermilch wird an Schweine verfüttert und gehört dem Senner. Der Käse ist natürlich ein magerer Käse, aber er wird aus süßer Milch etwas ähnlich wie die süßen Alpenkäse im Oberinnthal bereitet, nur gewinnt man mehr Käse aus derselben Menge Milch und einen unendlich besseren. Battista

Demattio, der brave Senner dieser wohlthätigen Anstalt, benützt kein Thermometer, weil ein tägliches Sennen durch volle 27 Jahre ihm wohl eine untrügliche Erfahrung beigebracht hat. Für andere Senner in solchen Anstalten müßte ich aber unbedingt ein Thermometer als ein wesentlich zur Milchwirthschaft nothwendiges Instrument vorschreiben. Diese Sennerei verbraucht jährlich um 80 fl. Holz, was bei den hohen Holzpreisen in Südtirol nicht eben viel genannt werden kann.

Aber etwas Holz und zugleich recht viele Arbeit ließe sich ersparen, und dies ist das einzige, was ich an dieser vortrefflichen Sennerei auszusetzen finde. Hier sollte man recht große etwa 18 Zoll breite und 3—4 Fuß lange auf eigenen Brettern befindliche und zum Neigen eingerichtete Milchgefäße aus Weißblech anstellen, die zum Behufe des besseren Reinigens im Innern keine scharfen Winkel und Kanten haben, sondern fein abgerundet sein sollten. Der Rahm kann von solchen Milchgefäßen mit einem Rechen abgezogen und die Milch vermittelst eines Hahnes oder vielleicht nicht unzweckmäßiger durch Neigen gegen einen angebrachten Ausguß-Schnabel abgelassen werden. Solche Milchgefäße müßten anfänglich freilich viel mehr kosten, als die hier üblichen Milchnäpfe von Holz, welche übrigens der Senner mit außerordentlichem Fleiße brüht und abtreibt. Aber sie haben auch den ungeheuren Vortheil für sich, daß sie weder gebrüht noch stark abgerieben zu werden brauchen, sondern sie können mit kaltem Wasser vollständig durch leichtes Abreiben vermittelst eines Schwammes oder Spühlhubers und nachheriges Abtrocknen gereiniget werden. Wenn es nothwendig erscheinen sollte, so könnte man höchstens zuletzt einen Guß heißen Wassers darauf geben, was indessen nur selten erforderlich sein dürfte. In Geschirren von Weißblech rahmt die Milch sehr gut auf, und man bedenke doch ernülich, daß ihre Reinigung weder das Brühen noch eine lange Zeit erfordert. Deßhalb kommen solche Geschirre auch immer mehr in Aufnahme und sie können in größeren Wirthschaften, auf Alpen und in gemeinschaftlichen Sennereien nicht genug empfohlen werden. Ich würde sie freilich auch den Kleinhäuslern anempfehlen, aber ich fürchte die Entschuldigung zu hören: Wir haben kein Geld. Man bedenke ernstlich, daß auch hölzerne Geschirre etwas kosten, noch mehr aber die Milchschüsseln, und daß jährlich wirklich eine ganz ungeheure Menge an Brennholz und Zeit auf das Reinigen der hölzernen Milchgefäße darauf gehen muß. Ich will versuchen dies nachzuweisen. Wenn man in Auer jährlich zur gemeinsamen Sennerei, die gewiß mit dem allergrößten Vortheil an Holzersparung arbeitet, schon jährlich um 80 fl. Holz verbrennt, so kann man wohl annehmen, daß 50 fl. davon rein zum Brühen der Milchgeschirre darauf gehen. Nun zählt Tirol und Vorarlberg ohne Städte und Märkte 1522 Dörfer, und wir werden schwerlich weit fehl greifen, wenn wir annehmen, daß für jedes derselben jährlich mindestens um 50 fl. Brühholz für die Milchgeschirre erforderlich wären. Dies aber macht schon in runder Zahl eine Summe von jährlichen 75000 fl. an Brennholz aus. Man wird es ferner gewiß nicht übertrieben finden, wenn ich annehme, daß zum richtigen Reinigen aller Milchgeschirre einer Gemeinde täglich die Arbeit von zwei flinken Mägden darauf gehen müßte; dies aber macht im ganzen Lande jährlich in runder Zahl 547000 Arbeitstage aus. Man ersieht aus diesem Beispiele, welch ungeheure Ersparungen für ein ganzes Land herauskommen, wenn nur irgend eine Kleinigkeit in irgend einem Zweige der Wirthschaft verbessert wird.

Man darf annehmen, daß ein schwaches Frauenzimmer eine recht große Sennerei ohne viele Mühe versehen könnte, sobald dieselbe mit Wasserkraft und allen jenen Einrichtungen versehen wäre, welche Zeit und Kraft ersparen können. Der Unterhalt und Lohn der Sennerin, sowie der Bau und die Einrichtung der Sennerei sammt deren Betrieb und Instandhaltung würde freilich jährlich auch etwas kosten, aber lange nicht so viel, als die tägliche Arbeit in den Privathäusern, die vielen Geschirre, der Holzverbrauch und endlich gar der große Verlust bei all den üblichen Fehlern in der Privatsennerei. Es können also gemeinsame Sennereien nicht genug empfohlen werden; ja sie müssen so dringend empfohlen werden, als wie die Käsereigenossenschaften. Man kann nämlich nicht die ganze Milch des Landes in Fettkäse verwandeln, weil man auch Butter und Schmalz braucht, und demzufolge ebenfalls magere Käse erzeugen muß. Daher muß stets ein Preisverhältniß sich gestalten, wobei die Produkte der Fettsennerei mit Butter und mageren Käsen im Nettogewinn sich das Gleichgewicht halten. Dieses natürliche Gleichgewicht der Preise von beiderlei Sennereiprodukten wird aber gar sehr zu Ungunsten der gewöhnlichen Sennerei verrückt, so lange die Fettsennerei im Großen mit allen Vortheilen der Technik und Erfahrung arbeitet, während die Privatsennerei durch alle Fehler der Milchwirthschaft und durch einen weit größeren Aufwand an Arbeit und Mitteln täglich Verluste von hohem Belang erleiden muß. Daher sei noch einmal das Wort in's ganze Land gerufen: Gründet nicht nur im südlichen, sondern auch im nördlichen Tirol, wo immer es die Umstände gestatten, und die Fettsennerei nicht vortheilhafter, sondern entweder gleich oder minderwerthig ist, gemeinschaftliche Sennereien und rüstet sie mit allen jenen Einrichtungen aus, die sich durch

8

Wiſſenſchaft, Technik und Erfahrung als die beſten bewährt haben.

Die Düngerwirthſchaft im deutſchen Südtirol hat mitunter etwas Eigenthümliches, das wir in Nordtirol nicht kennen. Gemeinſchaftlich aber iſt, daß man die Jauche zu Grunde gehen läßt und keinen Gips verwendet; wir treffen alſo in einer der größten landwirthſchaftlichen Untugenden zuſammen. Als Streu werden meiſtens die Binſen verwendet, die auf den dortigen Moosgründen ſo reichlich wachſen, daß man damit nicht zu ſparen braucht. Wenn ſchon eigentlich um jeden Grund Schade iſt, der hier nicht zum Bau von Reben oder Tür⸗ ken verwendet werden kann, ſo iſt es doch um die Streumähder ein ganz vortreffliches Ding. Ohne je zu verſiegen, nährt das Waſſer die ungeheure Menge von Binſen reichlich, und dieſe liefern jährlich als Streu den kultivirten Feldern eine gewaltige Menge von Stoff als Erſatz deſſen, den die jähr⸗ lichen Ernten nehmen. Daher kann man ſagen, die Streu⸗ mähder wären ganz unerſetzlich und ſie ſind faſt ebenfalls ſo viel werth, als der kultivirte Boden. So lange der Talfer Bach Sand bringt aus dem Sarnthale und die Streumähder Binſen tragen, iſt in dieſen Gegenden an einen Raubbau oder an eine Erſchöpfung des Bodens bei einer halbwegs richtigen Düngerwirthſchaft nicht zu denken, ſondern was ihr bevor⸗ ſteht, kann nur Verbeſſerung heißen. Indeſſen gegen die Düngerbehandlung habe ich einen Einwurf zu erheben. Der Miſt bleibt lange im Stalle unter den Thieren liegen, kommt dann auf Haufen außer dem Stalle, die weder feſtgetreten noch irgendwie mit Erde oder Sand oder Brettern bedeckt, ſondern im Verlaufe einiger Zeit wieder umgeſchöpft werden. Dies ſagen ſie, ſei durchaus nothwendig, damit der Miſt ab⸗ brenne, d. h. die Binſen zu einem ſo mürben Zuſtand ver⸗

rotten, daß sie auf Wiesen gebracht, denselben durch vollstän=
dige Verwesung sich einverleiben. Sonst bleibe der Mist roh
und die Binsen müssen vom Felde wieder abgerecht werden.
So sehr nun letzteres zu tadeln wäre, so kann ich doch nicht
umhin daran zu erinnern, daß bei dieser Behandlung des
Mistes ohne Anwendung von Gips, Schwefelsäure oder Eisen=
vitriol eine ungeheure Menge des kostbaren Stickstoffes noth=
wendig verloren gehen muß. Ich kann es daher nicht drin=
gend genug empfehlen, man möge diese Parthie der Dünger=
wirthschaft durch genaue Versuche noch einmal studieren und
verbessern. Dies wäre wieder eine Aufgabe des mobilen
Versuchsinstitutes, dessen Wanderlehrer vom landw. Vereine
das nöthige Materiale an die Hand gestellt werden müßte.
Der Verlust von vielem Stickstoff bleibt auf den sonst reichen
Böden von Bozen immerhin sehr zu beklagen.

Hier muß ich auch einer Thatsache erwähnen, welche
wieder einen herrlichen Beleg zu Vater Liebig's schöpferischer
Theorie vom Ersatze des Stoffes liefert. Man zeigte mir
einen Weinberg, der mir gut auszusehen schien. Sein Be=
sitzer bewirthschaftet ihn in folgender Weise. Mit irgend
einem Miste wird das Weingut nie gedüngt, wohl aber wird
der Talfer Sand seiner Zeit, wie es üblich ist, nicht zu karg
aufgetragen. Hingegen wird dem Gute auch gar nichts ge=
nommen als nur [der Wein und Branntwein, sondern alle
Abfälle desselben, wie Gras und Jät, Trestern, Rebenschöß=
linge und Weinlaub werden demselben wieder gewissenhaft
einverleibt, während andere alle diese Gegenstände ben Wein=
bergen zu anderweitiger Verwerthung nehmen — zum Füttern
der Thiere und als Feuerungsmateriale. Deswegen müssen
auch andere Leute die Weinberge wieder düngen, dieser Mann
aber nicht und man sagte mir, daß sein Weinberg zu dem

8*

allerbeſten in der Gegend gehöre. Auch in der Gegend von Meran werden die gehackten Nebenſchößlinge mit ſichtbarem Vortheile wieder dem Boden einverleibt.

In Gries und Siebeneich fand ich auch ſchon mit Erfolg den Verſuch ausgeführt, Eiſendraht ſowohl beim Lauben= als Stöckelbau der Reben zu verwenden. Wo die Verwendung des Eiſendrahtes etwa nicht durch zu ſtarke Winde verhindert werden ſollte, iſt es wirklich ſehr angezeigt überall darauf einzugehen und zwar aus dem doppelten und ſehr triftigen Grunde der Erſparung von ſehr vielem Holze und noch mehr Arbeit.

Der landwirthſchaftliche Bezirksverein in Bozen hat den löblichen Gedanken angeregt, welcher auch bei der letzten Generalverſammlung einſtimmig angenommen wurde: „Es ſei für das nächſte Jahr im Herbſte eine landwirthſchaftliche Ausſtellung, wozu vorzüglich die ſolibſten Erzeuger landwirthſchaftlicher Maſchinen und Inſtrumente heranzuziehen ſeien, im größeren Maße in Bozen zu veranſtalten. Dieſe Auslagen, welche die Kräfte des landwirthſchaftlichen Bezirksvereines überſteigen, werde der hohe Landtag zu übernehmen gebeten. Solche Ausſtellungen haben ſich in den nächſten zwei Jahren mit Abwechslung des Ausſtellungsortes zu wiederholen.‟

Dieſer Antrag hat gewiß eine ſehr wichtige praktiſche Tragweite für das Land, das von den neueren landwirthſchaftlichen Maſchinen und Geräthſchaften noch ſehr wenig kennt, obſchon manche derſelben auch für uns äußerſt vortheilhaft wären. Ich will beiſpielsweiſe anführen, daß die Dreſchmaſchine, obſchon nicht mehr ganz unbekannt, doch noch unverdienter Weiſe eine ſehr geringe Ausbreitung gefunden hat; eben ſo auch die Häckelmaſchine. Viele unſerer Ackerwerkzeuge namentlich Pflüge, und zwar gerade in Südtirol ſind noch ſehr primitiver Natur; wie wohl durch Einzelne der

Beweis schon hergestellt ist, daß neuere Pflüge entschieden besser auch in die Hand des Oberländers und Südtirolers passen. Allerdings können unmöglich alle neueren Maschinen für unsere Verhältnisse passen; aber viele passen ganz gut. Die Ausstellung hätte nun den Zweck, das Landvolk mit solchen passenden Instrumenten und ihren Bezugsorten und Preisen bekannt zu machen. Die Herrn Aussteller selbst würden höchst wahrscheinlich ihre Instrumente und Maschinen umsonst auf die Ausstellung schicken, weil ihnen daran liegen muß, einen neuen und größeren Absatz für ihre Fabriken zu erhalten; und eben deswegen werden sie auch gewiß keine anderen Dinge schicken, als eben nur solche, welche in Tirol brauchbar, also verkaufbar sein werden. Der Bezirksverein von Bozen schlug vor, daß solche Ausstellungen alle zwei Jahre zu wiederholen und die Ausstellungsplätze im Lande zu wechseln wären. Daß er für die erste Ausstellung Bozen vorschlug, darin war er wohl schon für die Erfindung der Idee im Rechte und es scheint ferner, daß man dort noch etwas weiter in Betreff der Instrumente zurück ist, als anderswo. Die Idee dieser Ausstellung beabsichtiget also nichts anderes, als dem Landvolle Maschinen und Werkzeuge vorzuführen, die es noch nie gesehen hat aber zu seinem größten Nutzen vortrefflich brauchen könnte. Außer dem Antrage des Bozner Bezirksvereines und dem Votum der Generalversammlung und wiederholten Besprechungen in Bozen scheint aber bisher gar nichts geschehen zu sein, wie denn überhaupt bei uns in Tirol die Landwirthschaft jener Bettler sein muß, den die eigenen Leute und nächsten Vettern von der Thüre weisen. Man will also dem Volke nicht einmal jene Werkzeuge zeigen lassen, die es zu seiner Arbeit nothwendig brauchen würde.

Ich muß hier einem Einwurfe begegnen, den sonst ganz

solide Leute gegen landwirthschaftliche Maschinen und neuere
Werkzeuge erheben. Kaufet nur recht viele Maschinen, sagen
sie, damit ihr Reichen keine Dienstboten mehr brauchet, und
ärmere Leute erst recht broblos werden. Dann habet ihr ein
sittenloses ländliches Proletariat, dessen Kommunismus euch
bald über die Ohren wachsen wird. Hätte ich solche Einwürfe
nicht selbst gehört, so würde ich sie weder glauben noch schreiben.
Ich muß aber ihren Erfindern sagen: Verzeihe ihnen, denn
sie wissen nicht, was sie reden; sie sind blind und wollen
obendrein noch Führer von Blinden sein. Mit Ausnahme
jener Bezirke, aus welchen viele Leute auf Arbeit in's Ausland
wandern, hört man im ganzen Lande die einmüthige Klage
über Mangel an Dienstboten überhaupt und insbesondere an
guten Dienstboten, und einen solchen Ueberfluß von Arbeit,
daß man gar manche Melioration bleiben lassen muß, die
man recht gerne ausführen würde. Wir hätten für alle Leute,
welche auswandern, noch Arbeit genug, und es wandern nach
meiner innigen Ueberzeugung aus manchen Orten zu viele aus.
Würden ihrer mehrere da bleiben, so würden die heimatlichen
Felder besser bestellt werden, und sie würden für die Zeitdauer
mehr zu Hause verdienen als im Auslande, aus welchem sie
nicht selten schlimmer zurückkommen, als sie gegangen sind.
Auch die Auswanderer brauchen vielfältig Maschinen und
bessere Werkzeuge, damit sie wenigstens in der kurzen Zeit
ihres heimatlichen Aufenthaltes besser arbeiten können; gerade
diese sind es mitunter vorzüglich, welche den Maschinen mit
Feuer das Wort reden, weil sie ihre Wirkung mit eigenen
Augen im Auslande gesehen haben.

In Betreff der Häcksel- und Dreschmaschine muß ich noch
sagen, daß dieselben gerade auch für ärmere Kleinhäusler recht
praktisch wären. Ihrer mehrere könnten zusammenstehen, und

sich solche Maschinen anschaffen, und einander, wie es sonst beim Dreschen üblich ist, wechselseitig in ihrer Bedienung, wenn es nöthig wäre, aushelfen. Werden solche Maschinen durch Menschenhand getrieben, so verlangen sie wirklich eine große Anstrengung, ersparen aber immerhin sehr viele Arbeit. Ganz vorzüglich aber zu empfehlen sind sie, wo sie mit Wasser= kraft in Bewegung gesetzt werden können. Ich mache darauf aufmerksam, daß man bei uns in Tirol an gar vielen Orten die Wasserkraft zum Betriebe solcher Maschinen weit besser benützen könnte und sollte als es eben geschieht. Gar manches Haus in einem Dorfe und gar mancher Einzelnhof könnte sich ohne übergroße Unkosten einen nicht sehr ent= fernten Bach als einen treuen und willkommenen Knecht dienstbar machen, dem man noch gar manches anvertrauen könnte, wie Buttertreiben, Türkenkolben entkörnen, Rüben= schneiden u. s. w. Für Ortschaften, wo häufige oder regel= mäßige Winde wehen, wie es deren wohl gar manche gibt, wage ich einen in Tirol neuen Vorschlag zu machen, nämlich ich will die Anwendung des Windflügelrades anregen, das in manchen Flachländern, wie Holland, Norddeutschland, Galizien u. s. w. statt des Wassers die Mühlen treiben muß. Vermag der Wind anderswo Korn zu mahlen, so verstünde er bei uns vielleicht auch es zu dreschen. Endlich will ich noch sagen, daß man von einer landwirthschaftlichen Verwendung des Göpels oder der Tretträber bei uns gar nichts weiß, die anderswo sehr in Aufnahme gekommen sind. So will ich als Beispiel anführen, daß man mitunter in Amerika Hunde oder Schafe in Trettträbern zum Buttertreiben und anderen kleineren Arbeiten anstellt. Also auch mit Maschinen und einer fleißigeren Verwendung der Naturkräfte läßt sich in Tirol ein landwirth= schaftlicher Fortschritt machen, und dieser Fortschritt würde so manchem Bauer, der übermäßig arbeiten muß, so daß er frühzeitig altert, manche willkommene Ruhestunde gönnen.

In Bozen gibt es einen landwirthschaftlichen Bezirksverein und einen Gartenbauverein. Im Grunde wollen eigentlich beide Vereine denselben Zweck verfolgen und diese Verdoppelung der Vertretung derselben Interessen ist nur die Folge des Zwiespaltes in den politischen Ansichten, die dermalen herrschen. Aber es gibt in beiden Vereinen wohl kaum einen Mann, der nicht von der Ansicht durchdrungen wäre, daß die landwirthschaftlichen Vereine im südlichen Tirol vom Central-Ausschusse in Innsbruck nicht abhängig sein mögen, sondern eine selbstständige Vertretung ihrer landwirthschaftlichen Interessen haben wollen und auch brauchen. Als Grund dafür werden angegeben, daß die Kulturverhältnisse des südlichen Tirols von denen Nordtirols ganz und gar verschieden seien, daß so mit einem Central-Ausschusse, der lediglich aus Nordtirolern besteht, unmöglich das Verständniß der südlichen Bedürfnisse und Interessen innewohnen könne, daß der Central-Ausschuß in Innsbruck oft mehr aus Beamten als aus praktischen Landwirthen zusammengesetzt sein müsse, weil in Nordtirol und namentlich in Innsbruck an großen Grundbesitzern, welche ihre Wirthschaft in eigener Regie betreiben, zu wenig Ueberfluß vorhanden sei, und endlich weil der buraukratische Apparat, der einmal nicht entbehrlich sei, manche unnöthige Arbeit und Verzögerung im Gefolge haben müsse.

Ich lasse mich hier auf eine Erörterung dieser Gründe nicht ein, sondern spreche blos die Hoffnung aus, es werde darunter etwa nicht ein bloßes Gelüste nach Separatismus vermäntelt sein. Für diesen wohl nicht wahrscheinlichen Fall glaube ich im einmüthigen Sinne Nordtirols Folgendes sagen zu dürfen. Die Landwirthschaft von Nord- und Südtirol haben sehr vieles miteinander gemein, wie z. B. den Obstbau, die Viehzucht, Milchwirthschaft, Alpenwirthschaft u. s. w. Folglich gibt es der Berührungspunkte sehr viele, welche uns nicht blos erlauben beisammen zu bleiben, sondern welche es geradezu erheischen. Freilich hat jeder Landestheil seine landwirthschaftlichen Eigenheiten, wie z. B. Nordtirol den Flachsbau, Südtirol den Weinbau. Alle diese Eigenthümlichkeiten verlangen wohl ihre volle Berücksichtigung, allein sie motiviren noch keine Trennung. Das kleine Land ist in neuerer Zeit ohnehin genug in inneren Zwiespalt gerathen durch die entgegengesetzten, ja feindlichen Nationalitätsbestrebungen und durch den grellen, zur Stunde noch völlig unheilbaren Zwiespalt der politischen Ansichten. Müssen wir denn also noch auch auf dem Acker, bei der Arbeit, die uns alle gleich nähren muß in Zwiespalt auseinanderlaufen? Wenigstens wir Nordtiroler werden nur das Wort der Einigung, nie das der Trennung aussprechen, und sprechen unsere deutschen Brüder über dem Brenner das letztere Wort wirklich aus, so müssen wir es vom Herzen bedauern, können es jedoch nicht hindern, aber Ja sagen dazu werden wir nie.

Doch Geduld noch! Sehen wir uns diese Angelegenheit noch auf einer anderen Seite an. Schon vor mehreren Jahren drang auch aus Pusterthal der Wunsch einer eigenen unabhängigen Stellung der dortigen landwirthschaftlichen Vereine in die Oeffentlichkeit. In Innsbruck selbst fand man sich gedrängt an eine Revision der Statuten unserer landwirthschaftl. Vereine nicht blos zu denken, sondern dieselbe vorzuberathen, und der Generalversammlung vorzulegen. Die Generalversammlung ernannte darüber ein Komité zur Berathung dieses Gegenstandes für die nächste Generalversammlung und die ganze Sache ist also noch in der Schwebe. Die letzte Generalver-

ammlung bot kein Bild der Erhebung, sondern der Lauheit
dar, indem gar manche Bezirksvereine auf dem Lande sich nicht
einmal durch Vertreter daran betheiligen mochten und der
Besuch vom Lande her und überhaupt von eigentlichen Land=
wirthen ein äußerst dürftiger war. Vergleicht man die ge=
druckten Protokolle der letzten und vorletzten Generalver=
sammlung, so wird jeder unbefangene Leser des Eindruckes
sich schwerlich erwehren können, daß wir seit der vorletzten
Generalversammlung, welche kein hoffnungsloses Bild ge=
währte, eigentlich Rückschritte gemacht haben. Für diejenigen,
welche beiden Versammlungen beiwohnten, mußte natürlich
dieser Eindruck ein ohne Vergleich grellerer sein, als für den
entfernten Leser der Protokolle. Von mehreren Landtagsab=
geordneten hörte ich die unverholene Aeußerung, daß sich ihnen
unsere Versammlung nicht zu empfehlen vermocht habe. Endlich
glaube ich sagen zu dürfen, daß unsere meisten Bezirksvereine
nur ein laues Leben dahin siechen. Was wollen nun alle diese
Thatsachen sagen? Sie sagen einfach nichts anderes, als daß
vom Central=Ausschusse an bis hinaus zu den entferntesten
Vereinen die Ueberzeugung sich durchbricht, unser gesammtes
Vereinswesen habe noch jene organische Lebensform nicht ge=
funden, die es zu einer fortdauernd energischen und erfolg=
reichen Thätigkeit befähiget. Daher erlaube ich mir die von
Zeit zu Zeit auftauchenden Absonderungsbestrebungen nicht
als eine Sucht nach Dissociation, sondern als eine Folge des
Mißbehagens an unseren unfertigen Zuständen aufzufassen.
Ist dies Mißbehagen, dem wir seit der vorletzten General=
versammlung allenthalben mehr anheim fielen, auch ein be=
rechtigtes, so vermag es aber nichts weniger, als einen Sepa=
ratismus zu befürworten. Ich denke mir von der Sache un=
gefähr so. Die Interessen der Landwirthschaft setzen sich aus

lauter Privatinteressen zusammen. Denn jeder Landwirth hat seinen ihm eigenen Besitz, an welchem er zunächst nur sein eigenes Interesse hat und haben muß. Die bestmöglichste Hebung seiner eigenen Wirthschaft wird sein nächstes Augenmerk bilden. Diese Hebung wird aber offenbar sehr erleichtert und befördert, wenn jeder nicht blos auf sich allein beschränkt bleibt, sondern die Beobachtungen, Erfahrungen und Fortschritte anderer zugleich in's Auge faßt; denn viele Leute wissen viel und alle Alles.

Auf dem beruht zunächst das Vereinswesen, welches dadurch noch mehr gelittet wird, daß mehrere zusammenhalten, theils um Versuche zu machen, sich Werke und Zeitschriften anzuschaffen, was dem einzelnen zu hoch kommen würde. Zuletzt krönt eine solche Association noch der Edelsinn, der im Interesse seiner Mitbürger und des gesammten Landes ein kleines Opfer nicht scheut, welches ihm eben nicht wehe thut, weil es ein kleines ist, und dennoch zu einem großen und ergiebigen sich sammelt, weil jeder sein Scherflein in den Opferstock wirft. In einem mehr oder minder ausgedehnten Bezirke, dessen natürliche Agrikulturverhältnisse homogen sind, wird sich auch eine Homogenität der Privatinteressen der einzelnen Landwirthe nothwendig herausstellen. Es haben also ganze Bezirke collektiv genommen nothwendig ihre Separatinteressen, weil sie separate Agrikultur= und Verkehrsverhältnisse haben. Diese Separatinteressen müssen aber nach ihrer ganzen Berechtigung nothwendig respektirt werden; denn etwas anderes läßt sich vernünftiger Weise wohl nicht denken. Entstehen nun in einzelnen Gemeinden und Bezirken landwirthschaftliche Vereine, so muß jeder derselben sein Gebahren nach den separaten und ihm eigenthümlichen Verhältnissen einrichten; denn ein anderes Gebahren wäre wirklich ungereimt. Daraus

folgt aber auch, daß den Vereinen in ihrem Bezirke, die un=
bedingteste Freiheit in ihren landwirthschaftlichen Geschäften
vollkommen gesichert bleiben muß. Daß die landwirthschaft=
lichen Vereine unter sich im Lande korrespondiren können,
wie sie wollen, ist ebenfalls eine ganz selbstverständliche Sache.
Aber die landwirthschaftlichen Vereine brauchen auch gegen=
über der Regierung, (dem Ackerbauministerium) dem Landtage
und dem Auslande irgend ein gemeinschaftliches Vertretungs=
organ, ein Organ, das gemeinschaftliche Angelegenheiten und
namentlich schriftstellerische Arbeiten zu besorgen hat. So ist
es in anderen Ländern Brauch, so in Oesterreich und so ist es
auch ein wohl motivirter Wunsch des Ackerbauministers. Ich
enthalte mich hier etwas Bestimmtes über die Form und Or=
ganisirung dieser gemeinschaftlichen Vertretungsbehörde der
landwirthschaftlichen Vereine zu sagen, heiße sie nun Central=
ausschuß oder anders, lehne sie sich an den Landesausschuß
an, oder nehme sie ein etwa zu creirendes Versuchsinstitut in
sich auf, wohne sie zu Bozen, Brixen oder Innsbruck, oder
komme hin zu zeitweiligen Sitzungen irgendwo zusammen.

Ich stelle an dasselbe nur von vorneherein die Forderung,
daß im selbigen alle Vereine ihre Vertretung und die klaglose
Erfüllung aller ihrer berechtigten Wünsche finden und eine rasche
und energische Geschäftsabwicklung mit möglichst wenig Um=
ständen Platz greifen möge. Wir wollen vorerst aufrichtig
daran denken, ob es uns denn wirklich unmöglich wäre, ein
solches gemeinsames Vertretungsorgan der Vereine in's Leben
zu rufen, gelingt dies, dann hat ja kein Verein, kein Bezirk
und keine Gegend irgend eine Ursache zu einer Klage, sondern
es sind alle zufrieden gestellt und somit entfällt dann jeder
Grund zu einer Trennung, weil alle in der Einigung mit
Wohlbefriedigung ihren Wunsch und Zweck erreichen würden.

Laßt uns also vorher alles Ernstes überlegen, bevor wir auseinander fahren, ob wir denn wirklich unter keiner Bedingung beisammen bleiben können. Ich betone es noch einmal, daß es nothwendig ist, die berechtigten Klagen einzelner Vereine gründlich zu beseitigen und ihre Wünsche ganz zu erfüllen; aber gesetzt, dies gehe wirklich in Erfüllung, müssen wir dann bennoch separirt werden? Würde sich aber herausstellen, daß aus einer Einigung wirklich kein Fortschritt, sondern nur ein Hemmschuh herausschauen könnte, so wäre ich der erste, welcher den Riß beginnen würde.

Nach einer mehr als dreimonatlichen Reise kehrte ich wieder heim. Ich nahm den Eindruck mit mir, daß für den landwirthschaftlichen Unterricht des Volkes in seinen unteren Massen vor allem anderen gesorgt werden müsse. Denn das Volk muß arbeiten, das Volk muß seine Wirthschaften verbessern, sonst wird sich das Land nicht erschwingen können. Das Volk ist in vielen Zweigen der Land= und Forstwirthschaft wirklich sehr zurück, und es kann und will vorwärts gehen, sobald es gehörig aufgeklärt ist. Es hilft gar nichts, daß einzelne Herrn dieses einsehen; denn diese sind wohl nicht zurück, sie arbeiten aber auch nicht. Das Volk muß arbeiten, also muß es auch recht arbeiten lernen. Ich halte diejenigen Männer welche mit guter und wohlwollender Gesinnung und einem großen Einflusse die Ansicht verbinden, daß bei uns in der Landwirthschaft nichts oder wenig mehr zu verbessern sei, indem das arbeitsame Landvolk im Drange seiner Noth Alles an Ort und Stelle Erreichbare bereits versucht und in's Werk gesetzt habe, für sehr schädliche Menschen, weil ihre Indolenz eine zwar heimliche aber in Wirklichkeit eine erfolgreich kräftige Opposition gegen den landwirthschaftlichen Aufschwung und das materielle Wohl des Vaterlandes bildet. Lassen sich solche Individuen nicht berichten, dann hilft nichts anderes als eine Opposition gegen sie bis an's Messer. Für den Massenunterricht des Volkes schlage ich vor der Hand keine Agrikulturschule vor, weil diese bei großen Kosten nur sehr langsame Wirkungen im Volke verbreiten kann, und zwar aus dem Grunde, weil ihr Besuch sehr wahrscheinlich bei uns kein größerer sein wird, als er anderswo überall durch die Statistik ausgewiesen wird. Damit spreche ich keinen Tadel gegen die Agrikulturschulen aus, sondern sage blos, daß dieselben vor der Hand den großen Volksmassen wenig nützen. Als Unterrichtsmittel für die große Volksmasse steht der Kalender vermöge seiner Verbreitung und ganz gesicherten Lektüre oben an. Es ist also dringend dafür zu sorgen, daß alle Kalender für das Landvolk mit passenden und klassisch populär geschriebenen Artikeln versorgt werden. Ein zweites Mittel sind landwirthschaftliche Zeitschriften, und wer will mir's übel nehmen, wenn ich diesem unserem Blättchen eine größere Verbreitung wünsche, zu seiner Abnahme auffordere, und dringend bitte man möge es mit Notizen vom Lande versehen. Gerade mein Reisebericht strotzt ja von Notizen, die ich auf meiner Reise gesammelt habe, und diese bilden von den wirklich vorhandenen wissenswürdigen Sachen nur einen kleinen Theil. Es gibt also Dinge genug die man mittheilen könnte wenn man nur wollte. Die Redaktion braucht keine zum Drucke fertige Aufsätze, sie braucht nur Notizen, welche sie schon selbst stylisiren wird.

Es wurde mir zu wiederholten Malen bedeutet, ich möchte das Geschäft des Wanderlehrens aufgeben. Ich antwortete, daß dies dermalen für mich nicht statthaft sei, indem ich der milden Gabe der wohlthätigen Kaiserin Karolina Augusta ihre Widmung nicht entziehen könne; und in der That, da würde ja noch die einzige Gabe, welche dem Lande Tirol zum Zwecke des landwirthschaftlichen Unterrichtes zu Theil

geworden ift, noch vereitelt, gewiffermaßen als wenn es ein
Verhängniß des Landes wäre, daß fein bedürftiges Volk keine
Aufklärung in feiner wirklich mangelhaften Landwirthfchaft
erhalten dürfte. Was wurde im Lande bisher für den landwirthfchaftlichen Volksunterricht gethan? Und foll nun auch
die großherzige Gabe einer wohlthätigen Fürftin noch zu nichte
gemacht werden? Jetzt aber antworte ich dem an mich geftellten
Anfinnen wie folgt. In Betreff der Wanderlehrer erkundige
man fich nicht bei mir, fondern im Auslande, wo fie lange
fchon beftehen und immer mehr aufkommen. Dort fehe man
nach, wie die Wanderlehre betrieben wird, und ob und was
fie wirke. Um mit Grund reden zu können, hat man nicht
feine eingene Anficht als unfehlbar zu überfchätzen, fondern
die objektiven Thatfachen durch und durch anzufchauen. Was
mich anbelangt, fo werde ich augenblicklich mich von aller
Thätigkeit zurückziehen, fobald ein befferer oder auch nur ein
anderer an meine Stelle tritt. So lange aber feftfteht, daß
ich feit etlichen Jahren nahezu allein mit Energie arbeite und
mich für den landwirthfchaftlichen Volksunterricht annehme,
ift ein folches Anfinnen eigentlich eine Unverfchämtheit.

Diefem gegenüber muß ich zum Schluffe noch einen Vor-
fchlag wiederholen, den ich im Laufe diefes Berichtes fchon
gemacht habe. Es follen im deutfchen Tirol nicht etwa einer,
fondern mindeftens zwei Wanderlehrer angeftellt werden, der
eine zumeift, aber nicht ausfchließlich für das füdliche, der
andere für das nördliche Tirol. Diefe hätten ein dreifaches
Gefchäft zu betreiben, nämlich erftens die Wanderlehre und
zwar meiftens in den Wintermonaten von Gemeinde zu Gemeinde, weil fie nur auf diefe Weife eine erkleckliche Anzahl
von Zuhörern anziehen können. Zweitens haben fie praktifche
Verfuche zu machen, um ihren Vorträgen das überzeugende

Experiment beizugeben und zwar in solchen Dingen, die entweder abgestellt oder eingeführt werden sollen z. B. in Betreff der Fehler in der Milchwirthschaft, wie ich nebst anderen Beispielen schon angedeutet habe. Neben diesen instruktiven Versuchen, werden aber auch in den einzelnen Bezirken und Ortschaften des Landes Fragen auftauchen, welche nur durch praktische Versuche gelöst werden können. Das Anstellen von solchen Versuchen kann aber nur Händen anvertraut werden, welche bereits eine naturwissenschaftliche Proxis und Exaktheit erlangt haben. Ich habe Grund, die Fähigkeit dazu einzelnen Bauern und sogar manchem ganzen Vereine geradezu abzusprechen. Endlich könnten diese Wanderlehrer noch brittens gewisse Spezialkurse über einzelne Zweige der Landwirthschaft geben, z. B. über Bienenzucht, Düngerwirthschaft. Dies wäre im Grunde aber nichts anderes, als eine Ausdehnung des Wanderunterrichtes über einen bestimmten Gegenstand auf mehrere Stunden an einem Orte, und könnte füglich in solchen Ortschaften vorgenommen werden wo die Anstellung von Versuchen die Anwesenheit des Wanderlehrers ohnehin länger erheischen. Die in neuerer Zeit auf dem Lande entstehenden Plauderstuben und Casinos würden ausgezeichnet gewinnen, wenn sie systematische Vorträge über Landwirthschaft bei sich einführen würden.

Es ist meine innigste Ueberzeugung, daß es für das Landeswohl von unberechenbarer Tragweite sein wird, wenn das Volk unverweilt einen in die Massen weit und wirksam eingreifenden Unterricht über alle jene Zweige der Landwirthschaft erhält, in welchen es entweder entschieden zurück ist, oder weiter vorwärts streben kann. Wer dem entgegen wirkt, den nenne ich einen Verräther.

Druck der Vereins-Buchdruckerei in Innsbruck.